Björn Köhler

IQ ist nichts, Unbildung alles.

Macht nicht die gleichen Fehler!

Björn Köhler, »IQ ist nichts, Unbildung alles.«

Satz: B. Köhler
Umschlag: B. Köhler
Illustrationen: B. Köhler
Druck und Bindung: Amazon

ISBN 979-8718447224

0. Vorwort

Es gilt, keine Zeit mehr zu verlieren, damit wir nicht in der Idiokratie enden. Heute ist der 08.03.2021, es ist aber für Deutschland schon „zehn nach zwölf" und die Zeit rennt uns davon.
Darum habe ich das Cover automatisch erstellen lassen, habe den Text nur zwei Mal komplett durchgelesen und schon nach ungefähr 160 Seiten aufgehört, weiterzuschreiben. Sie werden auch so verstehen, was zu tun ist. Die Handlungsanleitung entspricht dem aktuellen Stand und wird sich kaum noch ändern. Auf zu Taten!

Dies ist kein politisches Buch! Wer das erwartet, wird ein wenig enttäuscht sein. Ein wenig enttäuscht? Ja, denn das bloße Herummeckern, was wir für Politiker haben, empfinde ich als Ausdruck blöder Hilflosigkeit. Das Buchthema an sich ist aber politisch genug.

Warum ich diese Überschrift wählte? Weil ich die Ursache für alle Fehler der Menschheit erkannte, die Unbildung.
Es liegt **nicht** an der Intelligenz oder am "IQ", doch dazu später.
Wer ungebildet ist, lässt sich leicht betrügen und fällt auf die Scharlatane herein, die die Unbildung als Möglichkeit zum Geld Schöpfen für sich erkannt haben.

Ich muss wegen eines Youtube-Kommentars hier etwas einfügen, und zwar meine Antwort darauf. Ich schrieb: "Danke schön. Ihre beschriebene Fähigkeit haben Sie durch Bildung und aufgrund Ihres Alters mit all seinen Erfahrungen erworben. An Gott zu glauben, ist doch nichts Schlimmes! P.S.: Ich verstehe 'Gott' als das bessere Ich in uns und lebe genauso gut damit wie die Menschen, die Gott als Person sehen."

Das schrieb ich, weil mein Leitsatz immer bleiben wird: Ich glaube nicht, ich weiß lieber. Nun zum eigentlichen Vorwort.

Wenn ich, mit meinen Lebenserfahrungen nach 61 Jahren ausgestattet, noch einmal von vorn anfangen könnte, würde ich dann genauso handeln wie früher?
Eindeutig und grundsätzlich: Ja, aber ich würde klüger vorgehen und darum auch noch viel kostbare Lebenszeit sparen.

Ja, man lernt durch eigene Erfahrungen am besten und dieses Buch beruht eben auf meinen Erfahrungen. Darum kann es sein, dass jüngere Leser gar nicht so viel lernen, wie ich es erhoffe. Die älteren werden jedoch handeln - ganz sicher.
Eine gute Nachricht für die Jüngeren: Wenn man weiß, worauf man achten muss, sieht man besser. Das Gelesene verhallt nicht komplett. Ein Beispiel dazu.
In einem Film hörte ich jemanden sagen: "Wenn er im Kleinen so nachlässig ist, ist er es auch im Großen."
Dieser Satz prägte sich mir so ein, dass ich fortan Verhaltensweisen meiner Mitmenschen beobachtete und immer wieder feststellte, dass der Mann im Film Recht hatte.
Derartige Sätze, also fremde Erfahrungen, helfen **beim Erkennen** von Situationen, Menschen usw.

Der folgende Text kann Ihnen wehtun, wenn Sie nicht beachten, dass "Unbildung" **nur** "keine Bildung" bedeutet. Jemand, der nicht gebildet ist, hat kein Wissen, hat also nichts gelernt oder alles Gelernte vergessen.
Wer kein Wissen hat, muss glauben.

Jeder kennt diese Aussprüche "Unglaublich!" oder "Wem kann man denn noch glauben?" oder "Was kann man davon glauben?"
Was steckt hinter diesen Aussagen und Fragen? Fragen wir lieber "WAS glaubt ein Mensch?" und beleuchten es näher!

Glauben Menschen Taten oder glauben sie Worten?

Taten sind unumstößlich; sie sind geschehen. Es sind Wahrheiten, weshalb man auch "Tatsachen" dazu sagt und Juristen bewerten Tatsachen darum sehr hoch.
Worte können Taten beschreiben und bereits an dieser Stelle wird nicht selten aus der Wahrheit des Geschehenen eine Unwahrheit, wenn die Worte die Taten nicht genau beschreiben. Darum stehen Zeugenbeweise auch nicht so hoch in der Gunst der Juristen.
Wenn aber Worte eine Tat absichtlich falsch beschreiben, ist es keine Unwahrheit sondern eine Lüge.

Taten haben immer Ergebnisse, die erst nach den Taten entstehen. Sie folgen den Taten also zeitlich, warum wir verkürzt zu den Ergebnissen "Folgen" sagen. Richtiger sollten wir vermehrt Worte wie "Tatbestand", "Tatsache", "Sachverhalt" gebrauchen, um das Leben genauer zu beschreiben. Juristen tun das nicht ohne Grund, aber hier führte das zu weit.
Anders gesagt: Wenn ein Mensch eine Tat und deren Ergebnisse selbst beobachtet, muss dieser Mensch nichts glauben. Oft drücken Menschen das erregt so aus: "Ich hab' es doch mit eigenen Augen gesehen! Also erzähl' mir keinen Blödsinn!"

Zurück zum Glauben.
Sie, lieber Leser, ahnen oder wissen es: Der Mensch kann nur Worten glauben und die Gefahr besteht darin, dass diese Worte pure Lügen sind oder, hypnotisch eingesetzt, Raum für viel Phantasie lassen und den Menschen damit in die Irre führen.
Im Fall der Lüge werden Tatsachen / Wahrheiten absichtlich falsch wiedergegeben; so handelt ein Lügner.

Im Falle der (hypnotischen) Voraussage möglicher Folgen haben diese mit gesundem Menschenverstand wenig zu tun; solche Voraussagen treffen Scharlatane, Schwindler und andere schlechte Menschen.
Achtung! Es geht im Folgenden nicht nur um Politiker oder andere (nur sich selbst so bezeichnende) "Würdenträger".

So oder so, der Zweck ist leicht erkennbar: Mit Worten will der, der sie missbraucht, das Handeln des Menschen beeinflussen, an den die Worte gerichtet sind. Gut und schön, aber was ist so wichtig daran?!
Wir Menschen handeln planvoll, weil wir uns ein Ergebnis unserer Handlung erhoffen. Wir stützen unser Handeln auf unser bisher gesammeltes Wissen und wir kombinieren dieses Wissen mit dem erhofften Ergebnis - das Kombinieren des Wissens ist das Denken.
Das ist, bis auf die Fälle reflektorischen Handelns, immer so und auch sehr nützlich. Nützlich für uns Menschen, weil wir so effektiv wie möglich handeln; wir wollen schließlich das für uns erreichen, was wir uns wünschen.
Was wir uns wünschen? Oh ja! Wir haben viele Wünsche, nur scheint das Wort "Wunsch" mittlerweile dem Ausdruck "Das steht mir zu" oder dem Wort "Forderung" gewichen. Nebenbei: Die Worte "Bitte" und "Danke" werde nur noch so daher geplappert; sie verlieren immer mehr an eigentlicher Bedeutung.

Ein Wunsch nimmt also einen erstrebenswerten Zustand gedanklich vorweg und der Wünschende weiß genau, dass dieser Zustand noch nicht eingetreten ist.

Noch einen gedanklichen Schritt, bitte!

Menschen haben viele Bedürfnisse. "Bedürfen" bedeutet "etwas nötig haben". Unsere Grundbedürfnisse - auch diese werden auf der Welt nicht überall befriedigt - sind, dass wir ausreichend Nahrung, Wasser, ein Dach über dem Kopf und Kleidung haben. Sofort danach streben wir nach Sicherheit, diese Grundbedürfnisse gedeckt zu behalten, nach Fortpflanzung und nach Gesundheit.
Vermuten wir irgendeine Gefahr, dass diese grundsätzlichen Bedürfnisse verwehrt werden könnten, erwacht unser Verstand und beginnt sofort abzuwägen, wie groß die Gefahr wirklich ist. Unser Verstand wägt ab, und zwar mit dem bisherigen Wissen und Erlebten und mit dem, was auf uns zuzukommen **scheint**. Das Wort "scheint" hat es in sich! Der "Schein" spiegelt uns zukünftige Tatsachen vor und diese Zukunft kann uns erstrebenswert, vermeidenswert oder egal sein.
In den ersten beiden Fällen beginnen wir sofort, Pläne zu schmieden, unsere weiteren Handlungen abzuwägen - gestützt auf unsere bisherigen Erkenntnisse, also unser Wissen.

Haben Menschen wenig Wissen und Erfahrungen, handeln sie zum eigenen Nachteil - oft sogar panisch - oder verfallen in die Starre der Ergebenheit in ihr Schicksal und hoffen auf Erlösung. Wenn sich dann noch ein "Erlöser" präsentiert, laufen sie dem kritiklos hinterher.
Das oben erwähnte Abwägen ist kein solches, denn es fehlt an der wichtigsten Seite der Waage, am Wissen. Die Waagschale der vermeintlichen Zukunft hat das höhere Gewicht und bestimmt alles, was zu kommen scheint.
Haben Menschen aber viel Wissen und viele Erfahrungen, also **gesunden Menschenverstand**, handeln sie überlegter und damit besser für sich.

Wieder nebenbei: Wissen erwirbt man aber **nur** durch Bildung, sei es Bildung durch eigene Erfahrungen oder, wenn man als junger Mensch noch nicht so viele machen konnte, durch Bildung mittels Lernen von erfahrenen und wissenden Erwachsenen.
Dieses Lernen erscheint den Jüngeren oft als nutzlos. Wozu braucht man beispielsweise Geschichte, Biologie, Physik oder gar Mathematik? Die Naturwissenschaften sind die Basis für alles. Das muss man den Jüngeren aber auch richtig erklären, damit sie es einsehen und verstehen! Das passiert viel zu selten in den Schulen. Später mehr.

Noch ein Aspekt: Die schlecht bis Ungebildeten sind sich ihrer fehlenden Bildung wohl bewusst und wissen genau, dass es ihrem Ansehen schadet, wenig zu wissen.
Sie tun alles, um ihr Ansehen (ihren Nutzen für die Mitmenschen) aufzubessern: Sie tun sich hervor, indem sie sich für die "Rechte geschundener Tiere, Menschen, Pflanzen", für die "Umwelt", für "das Klima", für die "Einhaltung von Regeln", für "political correctness", für Gleichmacherei und vieles andere mehr sehr auffällig einsetzen.
Sie drängen in Verwaltungs-Jobs, in die Politik, in NGOs, in Armee und Polizei, alles nur, um "wichtig" zu erscheinen, um also überhaupt **angesehen** zu werden.
Sie erfinden immer neue Beschäftigungsverhältnisse, um sich darin zu verstecken und ihr Brot zu erschleichen und tun alles, dass die Klügeren nicht zu Wort kommen.
Statt sich Wissen anzueignen, verpönen sie das Lernen und üben sich lieber in Rhetorik, um gebildet zu erscheinen usw. usf.
Sie lügen, täuschen und verschleiern ihr eigenes Unvermögen und gehen dabei sehr geschickt vor, nicht erkannt zu werden. Man könnte glauben, sie seien Diener des Teufels. Aber das stimmt nicht - sie sind einfach nur minderbegabt und arbeitsfaul.

Entreißen wir ihnen ihre Masken und ordnen wir sie wieder an den Platz in einer gesunden Gesellschaft, an den sie gehören, um keinen Schaden mehr stiften zu können! Jahrtausende lang hatten sie diesen Platz und die Menschheit hatte sich positiv entwickelt. Das wollen wir doch nicht alles auf's Spiel setzen, oder!?

Wenn Sie mir bis hierher folgen, kann es durchaus sein, dass Sie auch meine folgende Aussage bestätigen: Die Ursache für alles Übel der Welt ist die schlechte Bildung. Aus fehlender Bildung resultieren das "sich-benachteiligt-Fühlen", Neid, Betrug, Kriege und mehr Unheil.

Ich werde im Buch besonders auf das Entlarven der Lügner und Betrüger eingehen, denn man kann diese nur in die Schranken weisen, wenn man sie selbst **erkennt**.

Im dritten Teil zeige ich den Ausweg und gebe eine Handlungsanleitung, diesen Weg erfolgreich zu gehen.

Nun schlage ich Ihnen vor, das Buch ab und zu für einige Zeit beiseite zu legen. Widmen Sie sich anderen Dingen oder gehen Sie an die Luft. Unser Unterbewusstsein arbeitet zwar beinahe zu jeder Zeit, aber nur dann, wenn man es arbeiten lässt. Dafür braucht es Pausen.

Noch einige Bemerkungen

Manchmal dachte ich, bevor ich das Buch zu schreiben begann, dass ich mir etwas "von der Seele schreiben" müsste. Ja, es ist wirklich so; ich muss etwas in die Welt hinausrufen, aber nicht, damit ich es nur loswerde, sondern damit ich meine Erkenntnisse und Erfahrungen an die Jüngeren weitergebe, auf dass sie wenigstens einige meiner Fehler vermeiden, die nur kostbare Lebenszeit kosten.

Lebenszeit vergeht so schnell und weil ich nicht mehr allzu viel davon habe, das Leben aber so spannend, erfüllend und schön finde, weiß ich um die Kostbarkeit der Zeit - jeden Tag mehr. Nutzen Sie, lieber Leser, diese Kostbarkeit richtig und verschwenden Sie nichts davon!

Gut, möglicherweise lesen jüngere Leute das gar nicht oder denken nicht darüber nach, Fehler zu vermeiden. Aber - und das gehört zu meinem Credo - ich habe es wenigstens versucht und gebe den Jüngeren die Chance. Würde ich es nie versucht haben, nagte stets etwas an meiner Seele.

Nicht, dass Sie mich falsch verstehen, wenn ich erwähne, dass ich viel in Schopenhauers Werken las! Mancher denkt jetzt vielleicht, dass ich damit angeben könnte, um gebildet zu erscheinen.
Nein, das muss ich erwähnen, denn viele Zusammenhänge begriff ich erst, **weil** ich Schopenhauer las und ich gebe zu, dass ich die Texte immer und immer wieder lesen musste, teils, weil sie so einleuchtend sind, aber auch, weil sie relativ schwer wegen der "altertümlichen" Ausdrucksweise Schopenhauers zu lesen sind.

Wundern Sie sich nicht, wenn ich **nicht** immer wieder erwähne, dass es auch Ausnahmen gibt. Wenn sich jemand beim Lesen darum angegriffen fühlen sollte, möge er weiterlesen, weil das Thema noch nicht abgeschlossen ist oder noch nicht an der Reihe war.
Stellen Sie sich alle paar Sätze vor, dass ich den Gedankenfluss durch solche Hinweise unterbräche. Das entspräche fast der verhassten "political correctness".
Also: Immer daran denken, dass ich die Ausnahmen nicht erwähne!

Wie werde ich schreiben, in welchem Stil? Kaum Fremdwörter und so einfach wie möglich, denn ich will verstanden werden. Das Vorwort ist nicht so einfach geschrieben wie die nun folgenden Seiten; das weiß ich.
Warum einfach? Beleidigt das nicht die Intelligenz meiner Leser? Einfach, weil wir tagtäglich einfach sprechen. Kaum Fremdworte, weil unsere schöne Sprache vollkommen genügt. Bei aller Einfachheit werde ich mich um korrekte Zeitformen, Grammatik überhaupt und um Rechtschreibung bemühen.

Ebenso werde ich fast alles mit Begebenheiten aus meinem Leben untermalen, werde also "Wortbilder" malen. Ein Bild sagt mehr als tausend Worte. (Sie merken schon, dass ich die beiden Fremdworte "illustrieren" und "Metapher" nicht verwendete.)

Zu meiner Art, ein Buch zu schreiben, gehört auch, dass ich nicht politisch korrekt schreibe. Um Worte wie "Neger", "Schwule", "Zigeuner" u.ä. drücke ich mich nicht. "Neger" heißt nur "Schwarzer"; die andere Bedeutung wurde dem Wort nur bösartig von Leuten angedichtet, die sich wichtig machen wollen.

Quellen führe ich ganz selten an, denn alle Erkenntnisse entspringen aus eigenen Erfahrungen und eigenem Lernen. Wenn man als Mathematiker Erkenntnisse formuliert, führt man auch keine Quellen an, dass bspw. Eins plus Eins gleich Zwei ist.

Sie haben sicher auch bemerkt, dass ich viele Anführungszeichen setze. Das bedeutet **nicht**, dass ich es nicht so meine, wie es geschrieben ist, sondern, dass das Worte oder Sätze sind, die ich so nicht oder nur sehr selten gebrauche. Wenn ich bspw. schreibe "Wie jetzt!?", dann entspricht das nicht meiner Ausdrucksweise; es hat ein Anderer gesagt.

Noch ein Vorschlag. Verwenden Sie beim Lesen die Absätze, Abschnitte, Zeilenwechsel, Kommata und anderen Satzzeichen, um eine kurze Lesepause einzulegen und Sie können überrascht sein, wenn Ihre Gedanken plötzlich auf Wanderschaft zu gehen scheinen.

Ich verwende empirisches, also auf Erfahrung beruhendes Wissen. Ebenso werde ich evidente, also sofort ersichtliche, deutlich erkennbare Sachverhalte beschreiben, die keiner weiteren Beweisführung bedürfen.

Der Einfachheit halber werde ich im folgenden Text statt "schlecht Gebildete" nur noch "Ungebildete" schreiben. Das ist kein Fehler, fehlt doch den schlecht Gebildeten **der entscheidende Teil der Bildung**, und zwar der Teil, der sie vernünftig und zum Wohle aller Menschen handeln lässt.

Mein letzter Satz, bevor es losgeht: Wenn ich über das Lernen, Bildung, Wissen, Glauben und Intelligenz schreibe und gar urteile, mag es überheblich erscheinen.
Ich will und muss mich nicht über Menschen erheben, darf aber beruhigt urteilen, denn ich habe die Erlaubnis dazu mehrfach schriftlich.

Na dann! Ich wünsche Ihnen viele, gute Erkenntnisse.

1. Grundlagen

Einfache Zusammenhänge

Unsere Erfahrungen, also das, was wir erlebt haben, speichern wir im Gehirn. Wir **wissen** etwas und wenn wir uns sehr gut erinnern, sind wir dessen "gewiss".
Das gespeicherte Wissen rufen wir immer wieder ab, wenn wir es wollen. Warum wir es wollen, ist egal. Es kann sein, dass wir uns nur einfach gern an Situationen, Bilder, Personen erinnern, um alte Gefühle der Freude oder des Glücks nochmals zu erwecken.
Aber in den meisten Fällen - das tun wir unbewusst - vergleichen wir unsere Erfahrungen rasch mit neuen Situationen, um diese einzuschätzen.

Ein Beispiel: Wir sehen ein uns bisher unbekanntes Tier und rufen sofort alle dazu passenden Tiere, die wir schon kennen, in unser Bewusstsein, um das für uns neue Tier einordnen zu können. Wir vergleichen die neuen mit den bekannten Merkmalen.
Kommen wir zum Schluss, dass das unbekannte Wesen uns gefährlich erscheint, handeln wir entsprechend vorsichtig. "Vorsicht" heißt, dass wir "voraus sehen", was sich aus der derzeitigen Situation entwickeln könnte. Also kombinieren wir altes Wissen mit den neuen Erfahrungen.

Wissen zu kombinieren, ist das "Denken". Wissen, selbst dann, wenn es auswendig gelerntes Wissen ist, bildet die Basis für unsere Handlungen.

Wir können nicht alle Erfahrungen gleichzeitig machen, wir sammeln sie als unseren "Erfahrungsschatz". Dass es wirklich ein Schatz ist, versteht sich von selbst. Je größer dieser Schatz, umso besser können wir Situationen "einschätzen". "Einschätzen" zeigt, dass wir neue Erfahrungen zu unserem Schatz hinzufügen.

Unsere schöne Sprache bezeichnet von sich aus viele Teile unseres Erlebens ausreichend gut. Nutzen wir diese Sprache!

Nun stellen wir uns einen sehr jungen Menschen vor, der noch sehr wenige Erfahrungen hat, ein Kind.
Dieses Kind macht ständig neue Erfahrungen, gute und schlechte. Es vergleicht immer und immer wieder seine Erfahrungen mit neuen Situationen. Für das Kind sind im Vergleich zu seinen bisherigen Erfahrungen fast alle Situationen neu.
Beobachten Sie spielende Kinder und Sie werden schnell bemerken, dass das Spiel nur das Wiedergeben gemachter Erfahrungen und das Vorhersehen und "ungefährliche Vorwegnehmen" neuer Situationen ist. Wie interessant muss das Kinderleben doch sein!

Nun stellen wir uns einen geistig wachen, aber schon alten Menschen vor. Beinahe egal, welchen Situationen er sich gegenübersieht, er bleibt größtenteils gelassen. Unbewusst vergleicht der alte Mensch und kann schnell entscheiden. Der Alltag bietet ihm kaum Neues.

Ich weiß nicht, wie alt Sie sind, lieber Leser. Darum nun ein Vorschlag: Stellen Sie sich einen Erwachsenen vor, der "verspielt wie ein Kind" ist! Wir kennen alle solche "Spielvögel", die sich für alles interessieren, alles anfassen, daran "herumfummeln", es betrachten, beschnuppern ... Meistens werden sie belächelt und wohlwollend, aber doch scheinbar mitleidig angesehen.

Was für interessante Menschen müssen das sein! Sie haben nie Langeweile, freuen sich über alles Neue und **suchen** immer wieder das Neue.

Ein "erwachsener Spielmatz" hat schon einen großen Erfahrungsschatz, ist aber gierig, seinen Schatz zu erweitern und je reicher er an Erfahrungen ist, um so gieriger ist er auf neue - faszinierend.
Dieses Verhalten konnte ich auch bei anderen, gebildeten Menschen beobachten. Je gebildeter, umso neugieriger sind und scheinbar verspielt erscheinen sie und zeigen "das Kind im Manne".

Frauen sind anders; sie sind **keine** Männer und weil ich keine Frau bin, begebe ich mich nicht auf Glatteis, wage aber in Bezug auf das "Verspielt-Sein" nur eine Aussage. Frauen sind auch verspielt und ich(!) merke das an den "Kinkerlitzchen", derer sich Frauen erfreuen.
Vielleicht wissen Sie, was ich damit meine: An ihrer Kleidung tragen Frauen kleine, glitzernde, schmückende und verspielte Dinge. In der Wohnung sieht man die Handschrift einer Frau auch an kleinen, verspielten Gegenständen und mehr. Belassen wir's dabei!

Fassen wir zusammen: Je nach Bildungsgrad suchen Menschen, der Langeweile zu entkommen. Die Gebildeten schaffen sich **aktiv** immer wieder neue Situationen, die sie ein**schätzen** und ihren Erfahrungs**schatz** damit vergrößern.
Die Ungebildeten können neue Situationen aufgrund ihres geringeren Erfahrungsschatzes nicht so gut einordnen und meiden sie. Um der Langeweile zu entgehen, lassen sie sich lieber mit "gefährlichen Abenteuern" irgendwelcher Filmhelden berieseln. Sie bevorzugen den Film, weil ihnen das flüssige Lesen unmöglich und anstrengend ist.

Dazu gehört auch, andere Leute stellvertretend kämpfen zu lassen. Früher waren es die Gladiatoren, heute sind es Boxer, Fußballer und andere Sportler.

Wie man Lebenszeit spart, ein Beispiel

Ich war früher stets an Politik interessiert, las Parteiprogramme, verfolgte die Nachrichten usw., was mich Zeit kostete. Als damals, ungefähr 1994, ein mir gut bekannter Kommunalpolitiker daherkam und mich aufforderte, ihn bei der anstehenden Wahl zu wählen, fragte ich rundheraus: „Warum?"

Dieser Politiker, das muss ich erwähnen, war ein Beamter und trotzdem stets in Geldnöten. Er hatte eine große Familie zu versorgen und die 5.000 DM, die er monatlich bekam, reichten ihm nie. Lassen wir's dabei!

Auf meine Frage antwortete mir der Mann rundheraus: "Wenn ich in den Landtag komme, habe ich weitere 5.000 DM und dann können die mich alle 'mal an die Füße fassen. Dann habe ich ausgesorgt."

Damals war ich erschüttert und begann, mich für Politiker-Karrieren zu interessieren. Meine Erkenntnisse fasste ich irgendwann so zusammen: Es geht dieser Art von Menschen nur um Geld. In der Zeit der Corona-Krise ergänzte ich mein Wissen entscheidend, aber darauf komme ich später zurück.

Nach dieser Erkenntnis sah ich die Welt anders und verschwendete fast keine Zeit mehr mit der Politik, konnte mich also interessanteren Lebensbereichen widmen. Weitere Ereignisse, wie bspw., dass die "Schill-Partei" in Hamburg herber Kritik ausgesetzt war, weil ihr Vorsitzender, Ronald Schill, Verwandten und Bekannten lukrative Posten zugeschanzt hatte, ordnete ich nur noch ein und verschwendete keine weiteren Gedanken daran.

Das zum Thema "Lebenszeit sparen", aber eines muss ich noch erwähnen. Der oben genannte Politiker wechselte die Parteien in der Folgezeit wie seine Unterhosen. Nun ja, nicht ganz so oft, aber eben viel zu oft.

Wie man besser handelt, ein Beispiel

Wie würde ich heute handeln, also mit meinem heutigen Wissen? Eine Bemerkung, warum man auch meine Höflichkeit schätzt: Vorgesetzte heißen nicht umsonst so, denn sie werden einem vorgesetzt und man hat das hinzunehmen und ihnen zu gehorchen. Das ist und bleibt meine Überzeugung.
Vor Jahren arbeitete ich als Lehrer in Schwerin unter einem Direktor, nennen wir ihn "Metzger", der mir in einem etwas angespannten Gespräch eröffnete: "Von meinem IQ könnten sich zwei Leute bedienen und wären immer noch sehr klug."

Damals war ich baff ob so viel Arroganz und schwieg zuerst und selbst nach kurzem Überlegen. Dann verfasste ich ein Gesprächsprotokoll und sandte es Herrn Metzger per e-Mail zu. Dabei kommentierte ich das Protokoll sehr höflich, aber doch ironisch, nicht ahnend, dass der Schulleiter nur einige, für ihn nachteilige Sätze heraus kopierte, um diese dem Schulrat zuzusenden, der natürlich verärgert war. Auch meine Erklärung zu des Schulrats Vorhaltungen, wie angeblich respektlos ich Metzger geschrieben hätte, halfen im Nachhinein nichts.
Heute würde ich das gesamte Protokoll sofort in Kopie auch an den Schulrat senden, mehr noch: Mit meinem heutigen Wissen um erbärmliche Menschen würde ich diesen Kerl sofort lauthals auslachen und dem Gespräch eine Richtung geben - zu meinen Gunsten. Auch dazu später mehr.

Wofür ich früher keine Erklärung hatte

Als jüngerer Mensch fragte ich beispielsweise: "Wie kann man nur 'bedingungsloses Grundeinkommen' für alle fordern?! Wer soll das erarbeiten?"

Mit meinem heutigen Wissen durchschaue ich fast alles und beinahe jeden ganz schnell. Es gibt ein altes Sprichwort: "An ihren Taten erkennt man sie."
Anders gesagt: Als unerfahrener Mensch fällt man auf Worte herein. Ich erwähnte das im Vorwort schon und wieder muss ich Sie vertrösten: Dazu später mehr.

Nehmen wir unser Beispiel, das Einkommen betreffend. Jeder vernünftige(!) Mensch gibt nur das Geld aus, was er wirklich hat und weiß um grundlegende, ökonomische Sachverhalte. Genauso weiß so ein Mensch um biologische Gegebenheiten wie bspw., dass Schwule und Lesben unter sich allein keine Nachkommen zeugen können. Auch hat ein mit Vernunft begabter Mensch ein ihm innewohnendes, tiefes Gerechtigkeitsgefühl und weitere Eigenschaften, die sich alle über die tausenden Jahre der menschlichen Entwicklung herausgebildet und bewährt haben. Wäre es nicht so, gäbe es uns schon lange nicht mehr.

Nehmen wir das Gegenteil von einem Vernünftigen! Dieser Mensch möchte mehr Geld ausgeben als er hat und dieses Geld ohne Gegenleistung erhalten. Dass andere für ihn mitarbeiten, scheint er sogar als gerecht zu empfinden. Nanu! Wie kommt er dazu? Geduld!

Jeder Vernünftige ist fleißig und sparsam, weiß er doch, dass ihm der Fleiß sein Fortkommen und die Sparsamkeit ihm das Überleben in kritischen Situationen sichert, weil er das Ersparte dann gebrauchen kann.

Der Unvernünftige wird in Krisensituationen zum Vernünftigen gehen, um "seinen" Anteil am Ersparten einzufordern, weil er auf die Mitmenschlichkeit des Vernünftigen setzt.

Sollten Sie, lieber Leser, mir bis hierhin **nicht** folgen, dann legen Sie das Buch beiseite! Wenn Sie dennoch weiterlesen, werden Sie mich zutiefst hassen.

...

Sie lesen weiter? Gut, dann werde ich jetzt eine Reihe von menschlichen Erscheinungen aufzählen, die in letzter Zeit vermehrt auftreten.
Die Aufzählung ist nicht geordnet - weder zeitlich noch ihrer Gewichtung nach. Diese Erscheinungen können als menschliche Gruppen, große Zusammenschlüsse Gleichgesinnter (sog. Bewegungen), öffentliche Demonstrationen oder einfach nur als "Mode" daherkommen. Ich zähle nur Schlagwörter auf. Beginnen wir!

Gendergerechtigkeit, Veganer, Black Lives Matter, Eintreten für die Rechte Schwuler, Lesben, Zigeuner usw., Inklusion an den Schulen, Feministinnen, "mehr Bildungsgerechtigkeit", "mehr Gerechtigkeit für alle", "Mieten begrenzen", Hippies und ähnliche Strömungen, political correctness, Tattoos, "Brillen-Sucht", Bärte, hysterische Empörung, offen zur Schau getragener Verzicht, offene zur Schau getragene Dummheit, Faulheit, Drückebergerei, NGOs ...

Ihnen fallen sicher noch weitere, derartige Erscheinungen ein. Nur fragen sich viele, besonders ältere, Leute: "Woher kommt so etwas und dann noch so plötzlich?"
Als junger, vernünftiger Mensch wird man so kaum fragen, sondern eher: "Was soll der Quatsch?"

So oder so, meine Antwort ist radikal, also das Problem an der Wurzel packend: Die Anhänger solcher Erscheinungen sind sich ihrer Unbildung und intellektuellen Minderbegabung sehr wohl bewusst, haben darum Minderwertigkeitskomplexe und versuchen, diese dadurch zu übertünchen - nicht mehr und nicht weniger. Ich werde es einleuchtend und ganz einfach begründen, später.

Zur Erinnerung: Denken = Wissen kombinieren. Aus dem Denken erwächst das Handeln. Wenn Wissen fehlt, funktioniert das Denken schlecht und das daraus folgende Handeln wird unvernünftig.

Die Gefahr für die Denkenden

Zuerst zur Gefahr dieser Erscheinungen, denn diese Gefahr ist (über-)lebenswichtig für die Vernünftigen.
Die Gefahr ist leicht einzusehen, wenn man bedenkt, dass sich die Anzahl der Menschen, die vom Staat, also von den Abgaben der Fleißigen, bezahlt werden, in den letzten Jahrzehnten ständig vergrößerte.
Das muss nicht bewiesen werden, denn es ist klar ersichtlich, weil in offiziellen Quellen nachzulesen. Derzeit ernähren in Deutschland schätzungsweise ein Viertel (Werte Schaffende) den Rest der Bevölkerung und dieses Missverhältnis wird immer größer.
Dieses fleißige Viertel empfindet es als ungerecht, aber warum scheint es der andere Teil als gerecht zu empfinden? Ganz einfach: Besonders die "Verwaltenden", also die Bürokraten, sehen sich und ihre Beschäftigung als wichtig an. Sie glauben sogar größtenteils selbst, dass sie wichtig für die Fleißigen seien.

Nun, wenn wir diesen Zustand so wie heute einfrierten, scheint noch keine Gefahr. Die Erfahrung (empirisches Wissen) zeigt uns aber, dass das Dreiviertel immer weiter wächst. Wer soll dann noch dafür aufkommen, wenn niemand mehr Werte schafft?! Das ist die eine Seite der Gefahr.

Die andere Seite der Gefahr erwächst aus der bereits angeführten Unbildung und daraus folgenden, schlichten Dummheit der großen Masse (ca. 80% mit einem IQ < 100, siehe weiter unten), denn auch diese Masse wächst. Deren Handeln wird immer unvernünftiger werden.
Also geht es mit der allgemeinen Wirtschaft bergab, es wird weniger produziert und gibt darum weniger zu verteilen.
Daraus kann nur noch folgen, dass sich die Masse auf die Fleißigen stürzen wird, diese zu enteignen. Da die Vernünftigen in der Unterzahl sind, müssen sie es sich gefallen lassen, wollen sie nicht bei der Verteidigung ihrer letzten Habseligkeiten sterben.

Ein langer Ausweg aus der Krise

Um das Schlusswort (dieses Buches) vorwegzunehmen und ein wenig Licht in diese düstere Zeit zu bringen, einige Zeilen, warum gute Bildung ein Ausweg ist.

Nehmen wir Deutschland. Zu Zeiten des Wirtschaftswunders und bis Ende der 1960er Jahre konnten "einfache" Facharbeiter viel mehr als heutige Ingenieure und das Abitur war wirklich noch ein höherer Bildungsabschluss.
Schon in der ersten Klasse konnten die Kinder bereits zu Weihnachten das Alphabet bis zum "Z", konnten mit schöner Handschrift und richtig schreiben - alles Grundvoraussetzungen für gute Bildung. (Sie glauben das nicht? Fragen Sie die alten Leute!)

Die "Alphabete der Mathematik", das "Eins-Plus-Eins" und das "Ein-Mal-Eins" beherrschte jedes Kind und diese (heute kaum noch vorhandenen) Fähigkeiten helfen enorm, mathematische Zusammenhänge und physikalische Größenordnungen schnell zu verstehen.

Zu dieser Zeit hatten die Menschen mehr Wissen, waren klug, konnten also besser denken, was wiederum bedeutet, dass sie vernünftiger handelten. (Wichtig! Das hat nichts mit dem sogenannten "IQ" zu tun. Dazu kommen wir später. Jetzt nur so viel dazu: Der IQ sagt, wie viel und schnell ein Mensch pro Zeit denken kann. Menschen mit kleinerem IQ können trotzdem enorm viel lernen und das Gelernte anwenden.)
Wenn die Menschen also vernünftiger sind, haben sie mehr Verständnis füreinander und lassen sich nicht so leicht über's Ohr hauen. Sie erkennen von sich aus, dass Fleiß und Wohlstand zusammenhängen und beneiden einander kaum - bis auf eine Ausnahme, aber auch dazu komme ich noch ausführlicher.
Der innergesellschaftliche Frieden ist also unter gut Gebildeten wesentlich besser gesichert.

So eine Bildungskrise wie heute gab es im 6. Jahrhundert schon einmal. Das Schulwesen, ja die gesamte Bildung lag darnieder. Kaum jemand konnte noch lesen und schreiben und Buchstaben wurden an Häuser gemalt, weil es nach Bildung aussehen sollte, ohne Sinn und Verstand. Wie sollte Wissen weitergegeben und Bildung vermittelt werden?
Karl der Große - zumindest schrieb man es ihm zu - erkannte die Missstände und leitete die Zeit der Bildungsreformen, der Renaissance ein.
Welch ein Glück für unsere weitere Menschheitsentwicklung!

Allerdings festigte sich im Mittelalter bereits der hier sinngemäß wiedergegebene Spruch "Halt' du sie mir dumm; ich halt' sie dir fromm!" Wir kommen auf dessen Bedeutung auch noch zurück, prägt der Spruch doch entscheidend auch unsere heutige Gesellschaft.

Der Ausweg wurde uns durch die Renaissance gezeigt: Endlich wieder mehr und solide Bildung. Aber diesen Weg zu gehen, kostete die Menschheit damals mindestens einhundert Jahre. Aua!

Das (fehlende) Ansehen

Im Märchen "Das Rumpelstilzchen" fiel mir ein Satz auf, der mich seit Jahren auf das Ansehen aufmerksam machte: "Und um sich ein Ansehen zu geben, ging er [der Müller] zum König und sprach: 'Meine Tochter kann Stroh zu Gold spinnen.'"
Dieser Satz sagt uns, dass der König diesen Mann normalerweise nicht einmal angesehen (beachtet) hätte. Von einem König überhaupt angesehen zu werden, hatte wohl einen hohen Stellenwert. Nur damals?
Und heute? Erinnern wir uns zuerst der Begriffe "angesehener Mann", "unansehnlich" oder "hochangesehen". Wenn wir nach Worten ähnlicher Bedeutungen suchen, finden wir für "angesehen" Worte wie "anerkannt", "ehrwürdig", "geachtet" oder gar "geehrt".
Bis Anfang der 1970er Jahre genossen "einfache Leute" bei den hochstehenden kaum Ansehen, außer, sie hatten sich durch besondere Leistungen aus der Masse hervorgetan. Wenn dieses "Hervortun" aufgrund geistiger Leistung geschah, ehrte man diese Menschen schon früh mit allerlei Titeln wie "Doktor", "Magister", Professor" und so weiter.

Das Ansehen (oft bereits von Geburt aus) bestehender Höherstellung wurde um Titel wie "Geheimrat", "Kommissar", "Leutnant", "Wohlgeboren" und andere gehoben.

Grundsätzlich war die Welt also aufgeteilt in "hoch (im Ansehen) Stehende", die aufgrund dessen auch eine mehr oder weniger große Macht hatten und das "gemeine Volk", also in Herrschende und Beherrschte und das schien, oberflächlich betrachtet, in Ordnung.
Von Ausbeutung und Machtmissbrauch abgesehen, war es auch in Ordnung - zumindest, was das Ansehen aufgrund höherer Bildung betraf.

Nebenbei: Schulen, in denen man zumindest das Lesen und Schreiben lernte, gab es schon vor sechstausend Jahren und wer lesen und schreiben konnte, genoss damals schon hohes Ansehen, erst recht, wenn er sich (auch dadurch überhaupt erst) fortbilden konnte. Solchen Menschen stand der Weg zu Ämtern und damit weiterem Ansehen offen.

Was sich immer wieder durch die Zeit zog, war, dass man gern bestimmten Menschen höhere oder einfach nur Schulbildung verwehrte. Bspw. schlossen die Nazis gar die Juden Schritt für Schritt vom Schulbesuch aus - warum wohl, wenn man an den Zusammenhang zwischen Wissen und Denken denkt?! Auch zu diesem Thema kommen wir noch ausführlicher, zumal deutsche Juden damals durchschnittlich einen um 10 Punkte höheren IQ als Deutsche hatten.

Ein anderer Aspekt. Wer reich ist, genießt viel Ansehen? Ich kenne einige sehr, sehr reiche Menschen, die eben **nicht** nach Ansehen streben.

Und Sie, lieber Leser, wissen wahrscheinlich um die Brüder Albrecht, die die Kette "ALDI" gründeten. Beide Brüder waren überhaupt nicht auf Ansehen bedacht und wer sie nicht kannte und in der Öffentlichkeit sah, vermutete nie die damals reichsten Menschen Deutschlands.
Meine Erfahrung ist, dass Menschen, die ihren Reichtum selbst erarbeiteten, nicht nach mehr Ansehen streben. Natürlich gibt es auch sehr reiche Menschen, die ihren Reichtum zur Schau stellen, aber haben sich diese Leute das auch wirklich **erarbeitet**? Wirklich? Von Ausnahmen natürlich abgesehen!

Ein spanisches Sprichwort sagt: "Dem klappernden Huf fehlt ein Nagel."

Wie schon erwähnt, waren sich die einfachen Menschen ihres fehlenden Ansehens schon immer bewusst, was in der Menschheitsgeschichte bis zum Anfang der 1970er Jahre von der großen Mehrheit auch als "gegeben" hingenommen wurde.
Man fügte sich darein und war stolz, wenn es ein einfaches, eigenes Kind oder Kind eines Dorfes oder einer Stadt wegen hoher Intelligenz "nach oben" schaffte, es also zu Ansehen oder gar Ruhm brachte.
Zu Zeiten der Französischen Revolution und wahrscheinlich auch schon viel früher setzte sich aber ein Ruf in den Köpfen der Menschen fest: "Alle Menschen sind gleich!"
Damit das Wirklichkeit wurde, metzelte man im damaligen Frankreich Zigtausende dahin, seltsamerweise waren 60% Bauern und Arbeiter. Auch Wissenschaftler und Gelehrte waren dabei; sehr berühmt war der Chemiker Lavoisier.
Man bekämpfte die "Feinde des Volkes" und Denunzianten hatten Hochkonjunktur. Nehmen wir das einfach 'mal so hin, denn zu ändern ist es nicht mehr.

Dass eben nicht alle Menschen gleich sind, weiß ein jeder aus eigener Erfahrung, aber der Gedanke an die Gleichheit ist verlockend. Wenn man es im Zusammenhang mit dem Ansehen betrachtet, ergibt sich das Folgende.

Jeder Mensch möchte gern mindestens beachtet, besser noch, gut angesehen sein, denn dann fühlt sich der Mensch wichtig für die Gemeinschaft. Das aus der Mode gekommene Wort "Nichtsnutz" kommt nicht von ungefähr, drückt es doch treffend das Gegenteil aus.

Wenn ein sogenannter Dorftrottel eine wichtige Aufgabe im Dorf erhält und sei es nur, dass er die Dorfstraße fegt oder Nachtwächter ist, dann fühlt er sich angesehen, denn er nützt der Gemeinschaft.
Wie schlecht sich ein Mensch fühlt, wenn er von seinen Mitmenschen nicht einmal wahrgenommen wird, kennt fast jeder, der von einer (vielleicht sogar nahestehenden) Person des Raumes verwiesen wird mit den Worten "Ich will dich nicht mehr sehen", "Aus meinen Augen!" oder "Wenn ich dich schon sehe, ..." oder ähnlichen Ausdrücken.

Belassen wir's vorerst dabei, das Ansehen zu beleuchten! Sie ahnen wahrscheinlich, worauf ich hinauswill.

Der Minderwertigkeitskomplex

Bislang, besser, bis Anfang der 1970er Jahre nahmen es die rechtschaffenen, vernünftigen Menschen (nur auf Deutschland bezogen) hin, wenn sie nicht so angesehen waren wie ein Doktor, ein Ingenieur, ein Professor. Es war noch die Zeit des Wiederaufbaus und jeder stand auf seinem Platz, dabei mitzuhelfen.

Untereinander war man sich einig, dass man zum Nutzen aller arbeitete und dieses Ansehen **innerhalb** der Klassen und Schichten genügte oftmals.

Ich weiß es noch und wer es als junger Mensch nachprüfen möchte, sehe sich alte Fernsehberichte aus den Siebzigern an. Für Arbeitsscheue forderten die Menschen der Straße ganz offen vor der Kamera: "Ab in's Arbeitslager mit denen!"
Homosexuelle wurden als "krank" bezeichnet; bestenfalls machte man sich über sie lustig und bspw. der Film "Ein Käfig voller Narren", der eigentlich "Der Tuntenkäfig" hieß, spricht Bände.
Auch das Wort "Pflichtgefühl" war - im Gegensatz zu heute - positiv besetzt, denn es bedeutete nur das Gefühl, die Pflicht zu haben, nützlich zu sein.

Zurück zum Gleichheitsgedanken! Wenn nun ein Ausgestoßener, ein Nichtsnutz, eingeimpft bekommt, er sei seinen Mitmenschen ebenbürtig, dann verspürt er den Wunsch, angesehen zu sein, umso mehr. Er weiß nämlich um sein geringes Ansehen.

Gehen wir zurück in die Zeit, als wir zur Schule gingen. Jeder kennt die stillen Mauerblümchen unter den Mädels, die nie Beachtung fanden oder die Memmen unter den Buben, die immer als Letzte in eine Fußballmannschaft im Sportunterricht gewählt wurden. Diese Kinder hatten kein Ansehen, wohl aber die Draufgänger und die Hübschen.
Wer kennt nicht die Unbeachteten, die sich wenigstens mit Kaspereien in den Vordergrund rückten? Hatten sie darum wirkliches Ansehen? Wohl nicht. Warum tat es der Kasper trotzdem, obwohl es ihm nicht viel Nutzen brachte?
Wer kennt nicht die Jungen, die sich mit allerlei Angeberei, mit Prahlerei, mit Schlägereien und anderen schlechten Manieren hervortaten?

Wer kennt nicht die Petzen oder Verräter, die sich gern bei den Lehrern einschleimten? Und: Wer kennt nicht die sonst unbeachteten Jugendlichen, die sich in jede Funktion (z.B. Klassensprecher) drängten und sich selbst sehr wichtig nahmen?
Solche Typen wurden früher meistens auf den Schulhöfen verprügelt, oft von der ganzen Klasse. Es waren die sogenannten Schwächlinge. Heute sind sie Angehörige des öffentlichen Dienstes, Beamte oder gar Politiker oder sie "arbeiten" in NGOs und anderen parasitären Beschäftigungsverhältnissen, erfährt man später bei Klassentreffen.

Der Volksmund drückt es brutal aus: "Sage nie zu einem Arsch, dass er ein Arsch ist - es könnte morgen schon dein Chef sein!"

Diese Art Mensch weiß um ihre Schwächen, die fast nur auf mangelnde Bildung und Übung zurückzuführen sind und fühlt sich denkbar schlecht dadurch, denn die Schwächen schmälern ihr Ansehen erheblich.
Diese Art versucht nach Kräften, ihre Schwächen zu verbergen oder durch herausstechendes Aussehen, durch Partei-Ergreifen für Exoten oder exotische Ansichten, Lebensweisen usw. zu übermalen.

Solche Verhaltensweisen entdeckt man auch bei Jugendlichen. Vor allem Pubertierende sind sich ihrer Schwächen seelisch allzu schmerzlich bewusst. Sie wissen, dass sie von den Erwachsenen noch nicht "für voll genommen", also noch nicht genug angesehen werden.

Was tun sie nicht alles, um aufzufallen?! Plötzlich tragen sie Kleidung oder Frisuren, die nicht unbedingt vorteilhaft aussehen. Oder / und sie kritisieren ihre Eltern auf's Schärfste wegen deren "umweltschädlichen Verhaltens" oder / und wegen deren Spießigkeit und fühlen sich dann moralisch "sooo überlegen".

Nicht zu vergessen ist der Blick auf fehlendes Ansehen, wenn man die Fortpflanzung betrachtet. Fortpflanzung ist eines der wichtigsten Bedürfnisse der Menschen. Dahingehend nicht beachtet zu werden, schmerzt sehr und wieder muss ich schreiben: Bald mehr dazu.

Nicht beachtete Menschen wollen nur wahrgenommen werden und unternehmen alles dafür, alles, sogar für andere Unsinniges und nicht selten auch Böses.

Die Taktik der Ungebildeten

Während die Taktik sich eher mit den kurzfristigen Zielen befasst, zielt die Strategie auf die langfristigen. Allerdings kann man die Grenzen nicht immer genau erkennen und das ist hier auch nicht so wichtig.
Die Ungebildeten nutzen gar zu gern Gelegenheiten, sich hervorzutun, sei es durch Denunziation, sei es durch "Sich-Wichtig-Machen" als Beamter oder als "Zur-Ordnung-Rufer" usw. usf.
Nicht nur mir fiel gleich zu Beginn der Corona-Krise auf, dass es die Dorftrottel waren, die andere Menschen zum Masken-Tragen lauthals auffordern.
Endlich können sich die Trottel wichtig fühlen. Endlich dürfen sie etwas sagen, was von den Anderen nicht als Blödsinn abgetan werden darf, wie es bisher immer war. Wie gut sich diese sonst Unbeachteten dabei fühlen, kann man erahnen.

Es ist also **kein** "vorauseilender Gehorsam", sondern **nur** das sich-wichtig-Tun, mehr nicht.

Hitlers bzw. Röhms SA bestand vorwiegend aus dem damaligen Abschaum der Gesellschaft, warum wohl?! Ein Schweizer sagte mir lachend vor vielen Jahren einen treffenden Spruch zum Verhalten eines Polizisten auf: "Ich bin nichts, ich kann nichts. Bitte, gebt mir eine Uniform!"

Im Baumarkt sagte eine Verkäuferin mir rundheraus, dass sie mich anzeigen werde, wenn ich keine Maske aufsetzte. In einer Tankstelle wollte eine Angestellte mich ohne Maske nicht bezahlen lassen. In einem Supermarkt ... Ach was! Es genügt.
Ihnen, lieber Leser, fallen wahrscheinlich weitere Momente ein, als sich die Dümmsten in den Vordergrund stellten ...

Solange die Ungebildeten ihr Fernziel noch nicht erreicht haben, tarnen sie sich, wie weiter oben schon angesprochen. Sie wollen nicht als das erkannt werden, was sie sind, nämlich geistig schwach.
Das zu erreichen, bedienen sie sich solcher Maßnahmen, die sie klüger erscheinen lassen. Sie üben sich in Beredsamkeit, gebrauchen aufgeschnappte Fremdwörter, reden sehr schnell, setzen sich Brillen auf, ohne sie zu brauchen, verkleiden sich mit "Business-Kleidung", legen sich phantasievolle Berufstitel zu, kaufen sich Doktortitel usw. usf.
In Diskussionen lassen sie andere Menschen nicht zu Wort kommen, reden dazwischen oder brechen Diskussionen einfach mit dem Hinweis "Das ist unter meinem Niveau" ab und wenn das alles nicht hilft, nehmen sie die "Nazi-Keule", "Verschwörungs-Keule" und andere "Keulen" zu Hilfe.
Andersdenkende versuchen sie, zuerst lächerlich und später mundtot zu machen. Dabei sind sie sich der Mithilfe ihrer Geistes-Genossen in den Massenmedien schon ziemlich sicher.

Und wieder mein Hinweis, dass wir auf alles noch genauer und unterhaltsamer zu sprechen kommen. Warum unterhaltsamer? Weil ich alles mit oft lustigen Begebenheiten spicken werde. Freuen Sie sich jetzt schon, lieber Leser!

Die Schwachen haben schon lange erkannt, dass sie sich ersatzweise in NGOs, Verbraucherschutz-, Kinderhilfs- und anderen Organisationen wenigstens mit hehren Zielen tarnen können - schließlich werden sie dann auch noch gut bezahlt und müssen sich nicht mit Merkmalen der Klugheit tarnen.
Nie vergessen: Wer bezahlt das? Es sind die wirklich Arbeitenden per Steuern, Sozialabgaben, Zwangsbeiträgen.
Und ich schreibe es nochmals: Das müssen die Schwachen so lange tun, bis sie ihr Fernziel erreicht haben. Dann können solche Mittel der Tarnung vollends entfallen und dann kommen für die Arbeitenden die wahrlich schweren Zeiten.

Die Strategie der Ungebildeten

Ihr großes Fernziel ist, sich ihre Stellung in der Gesellschaft zu sichern und dem ordnet sich alles unter. Ihrem Fernziel sind sie schon sehr nahe; ich erinnere an den "Marsch durch die Institutionen", was bedeutet, dass sich die geistig Schwachen schon in nahezu allen öffentlich- rechtlichen Führungspositionen einen Großteil der Staatsmacht gesichert haben.
Wo das noch nicht gelang, werden neue verwaltende Jobs geschaffen, denken wir nur an neu geschaffene Ministerien, an "Beauftragte" usw.

Es ist leider schon Prinzip geworden, dass sich Chefs nie geistig höher Stehende als Mitarbeiter aussuchen. Wenn man dieses Prinzip etwas verallgemeinert betrachtet, dann suchen sich die Chefs einfach nur "Brüder schwachen Geistes" - Gleich und Gleich gesellt sich gern.

Das ist jämmerlich? Ja, aber es ist auch gefährlich für die Fortentwicklung der Menschheit, denn wenn die Langsamen das Tempo und die Richtung der Menschheitsentwicklung bestimmen, ... Aua!

Kommen wir zum unterhaltsamen Teil des Buches und auch anhand vieler Erlebnisse werde ich immer wieder zeigen, "wie man die Schweine an ihrem Gang erkennt" und was sie alles anstellen, um sich entweder zu tarnen oder Fleißige und Kluge zu zerstören.

Noch etwas vorweg: Sie werden sich wundern, lieber Leser, in welchen Berufsgruppen sich die Ungebildeten und wenig Gebildeten verstecken, denn "Studieren" heißt vom Wortursprung her nur "sich bemühen."

Und ich erinnere nochmals, damit Sie nicht die Seite dafür suchen müssen: Der Einfachheit halber werde ich im folgenden Text statt "schlecht Gebildete" nur noch "Ungebildete" schreiben. Das ist kein Fehler, fehlt doch den schlecht Gebildeten **der** entscheidende Teil der Bildung, und zwar der Teil, der sie vernünftig und zum Wohle aller Menschen handeln lässt.

Der Neid auf gute Leistungen

Die Ungebildeten sind auf alles und jeden neidisch und der Neid stachelt sie zu Untaten an.
Ich arbeitete an einem Wismarer Gymnasium. Der Direktor, nennen wir ihn "Bass", ein musikalischer Mann, hatte darum auch eine Schüler- und Lehrer- Band in's Leben gerufen, was mir natürlich sehr gefiel und wir musizierten zusammen mit viel Freude.

An irgendeinem Tag ließ Herr Bass eine Bemerkung fallen, deren Bedeutung ich damals nicht sofort erfasste: "Der Herr Köhler hat ein größeres Auto als ich."
Damals wunderte ich mich nur, weshalb der Chef überhaupt einen Satz über die Größe von Autos fallen ließ. Auch hatten wir ein scheinbar gutes Verhältnis, schon allein der Musik wegen. Er lobte mich sogar, ich sei ein guter Lehrer. Nach den Sommerferien war der Bass wie ausgewechselt ...

Ziehen Sie, lieber Leser, Ihre eigenen Schlussfolgerungen!

Meine Frau und ich betrieben vor Jahren einen kleinen Bildungsträger und waren sehr stolz darauf, dass wir eine (uns selbst gesetzte) Mindest-Quote von 80% immer überboten. Wir unterrichteten Jugendliche von der Straße und brachten sie alle acht Jahre hindurch nach jeweils einem halben Jahr nicht nur zu einem staatlich geprüften Hauptschulabschluss, sondern auch noch zu einer Arbeit bzw. einer Lehrstelle.
Nach jedem Lehrgang mussten wir dem Arbeitsamt gegenüber Rechenschaft ablegen und taten das voller Stolz, wussten wir doch vom zuständigen Arbeitsamt-Mitarbeiter, nennen wir ihn "Göbe", dass die anderen Bildungsträger bestenfalls 8% erreicht hatten.
Immer wieder berichteten einige Zeitungen über unsere Arbeit und später wollte sogar RTL einen Beitrag bringen. Darauf komme ich aber noch.

Zu Anfang hatten wir Räume im Dachgeschoss der Celler Post gemietet; es war beengt, ja, aber es war ein schönes Arbeiten. Mit insgesamt drei Lehrern lief alles wie am Schnürchen und als der erste Lehrgang geschafft war, lud meine Frau den dritten Kollegen, mag er "Bolle" heißen, zum Abendessen zu uns nach Hause ein.

Nun müssen Sie noch zwei Umstände wissen. Bolle wohnte weitab von Ortschaften in einer Hütte - anders kann ich es nicht beschreiben. Wir wohnen im Vergleich dazu viel besser, denn Besucher sagen immer, es wäre bei uns wie im Urlaub. (Wer jetzt Neid verspürt, blendet bewusst aus, dass wir uns alles erarbeiteten.)
Unser Besucher, Lehrer Bolle, sah sich um, wurde dann - entgegen seinem scheinbaren Naturell - einsilbig, aß, trank und "musste" (nach seinen Angaben) bald nach Hause fahren.
...
Kurze Zeit später wurden wir vom Arbeitsamt abgemahnt, dass unsere Schulungsräume zu klein seien. Wir dachten damals an keinerlei Zusammenhang.
Der oben erwähnte Arbeitsamt-Mitarbeiter, Herr Göbe, der uns gut gesonnen war, berichtete aber kurz danach, dass Lehrer Bolle uns beim Arbeitsamt angeschwärzt hätte, nicht nur wegen der Räume, sondern allgemein wegen "unhaltbarer Zustände".
Nun ja, wir fanden glücklicherweise schnell neue Schulungsräume, zogen um und alles lief weiterhin ausgezeichnet. Unsere Vermittlungs- und Abschluss- Quote lag stets über 93%. Also hofften wir, es sei alles in Ordnung. Weit gefehlt.

Wie schon angekündigt, komme ich nochmals auf Herrn Göbe, zurück. Der mahnte uns plötzlich, in unseren Abschlussberichten keinerlei Zahlen und Quoten zu veröffentlichen, weil das bei "anderen Leuten" sauer aufstieß. Klar, denn wir hielten den anderen Bildungsträgern den Spiegel vor die Nase und nicht nur denen, sondern auch allen anderen Ämtern, die die Jugendlichen erfolglos "betreuten".

Es sind ja nur Fakten, wenn ich beruhigt sagen kann, dass wir die jungen Leute mit Güte und Konsequenz, aber auch viel persönlichem Einsatz nach Feierabend so führten, dass sich unsere Schüler wohl fühlten. Davon zehren wir heute noch, wenn wir nach den vielen Jahren unsere Altschüler zufällig treffen oder kurze Dankeszeilen erhalten, "wie gut es war, in den Arsch getreten" zu werden und "wie in einer Familie gut aufgehoben" zu sein.
Mittlerweile stellten wir eine weitere Lehrerin ein und das Arbeitsamt machte es zur zusätzlichen Pflicht, auch eine Sozialpädagogin einzustellen. Glücklicherweise war diese Frau ihr Geld wert; sie half uns wirklich - ganz im Gegensatz zu den typischen Sozis, die uns bald überschwemmen sollten.

Nach einigen Jahren war plötzlich offiziell Schluss mit den Lehrgängen, zumindest für uns und der "nette" Göbe sagte uns gar mit einem Lächeln, dass er unseren anderen Mitarbeitern neue Jobs bei anderen Bildungsträgern besorgt hätte. "Offiziell Schluss" war aber gar nicht; es ging weiter - aber nur für die anderen Träger. Dazu brauchten wir nur hinter die Kulissen zu schauen.

Glücklicherweise war ein höherrangiger Mitarbeiter der Stadt Celle, hier heißt er "Oberbecker", auf unsere Arbeit aufmerksam geworden und gab uns probeweise einen kleinen Auftrag, der uns zwar "schwierigere Schüler" brachte, aber immerhin über Wasser hielt. Die Schulungsräume hatten wir noch nach einem Jahr Leerstand. Jetzt sollten aber erst recht schwierige Zeiten anbrechen, was wir aber noch nicht ahnten. Der Reihe nach und ganz kurz!

Nach dem ersten kleinen Auftrag, den wir wieder mit Bravour beendeten, bekamen wir von Herrn Oberbecker weitere derartige Aufgaben und das alles lief unter der Bezeichnung "PACE".

Die Ausschreibungen dazu ließen uns immer die "schwierigen Fälle übrig" - keiner wollte diese Schüler haben.
Es sind nur Fakten, wenn ich sage, dass wir auch diese Aufgaben so gut lösten, dass die Zeitungen über uns berichteten, auch durch das Zutun Herrn Oberbeckers, der zu den Medien gute Verbindungen hatte.
Aber dann wurde uns leider eine ganze Schar von Sozialpädagogen beigeordnet. Diese Saubande versuchte auf allerlei Art, unsere Schüler zum Krank-Feiern, zur Faulheit und anderen schlechten Lebensweisen zu beeinflussen.
In manchen Fällen gelang das diesen Sozis auch vorübergehend, zum Glück für die Jugendlichen nur vorübergehend. Woher wir das wissen? Nun, von den jungen Leuten selbst; sie erzählten uns teils empört, teils zerknirscht davon.
Herr Oberbecker war selbst empört, konnte aber den Sozis nicht Einhalt gebieten, weil sie ihm nicht direkt unterstellt waren. Natürlich sagten wir diesen schlechten Menschen, den Sozialpädagogen, nicht direkt in's Gesicht, was wir von ihnen hielten, aber durch unsere Arbeitserfolge zeigten wir den Sozis, dass sie nutzlos sind. Der Sozis Ansehen litt natürlich sehr und das sollte sich bald rächen.

Ich kam mit meinem Drachenfluglehrer, Martin Ackermann, auf die Idee, dass unsere Schüler einmal an einem Drachen hängend in Begleitung mit ihm eine Viertelstunde lang 700 Meter hoch fliegen sollten, um ihren Horizont zu erweitern.
Auf dem Flugplatz "Altes Lager" schlugen die Schüler ihre Zelte auf, wir saßen am Lagerfeuer, sangen, grillten, lachten, die Schüler lernten sogar für die Prüfung und halfen, den Flugplatz von Gestrüpp zu befreien und es wurde begeistert geflogen.

Als Lohn für das Helfen auf dem Flugplatz bot einer der Piloten, ein ehemaliger Fahrlehrer, an, den Schülern das Autofahren beizubringen. Das Flugplatzgelände gehört dem Fliegerverein, ist also Privatgelände. Also "schrubbten" die Mädels und Jungs mit dem „Lepo“ (alter PKW) auf dem riesigen Gelände herum und kamen begeistert wieder. "Herr Köhler, ich bin sogar 90 gefahren!"

Von allem hatten einige Zeitungen Wind bekommen, natürlich auch die Cellesche Zeitung. Ein halbseitiger Artikel erschien und ab diesem Zeitpunkt "sprach man nicht mehr mit uns" - kein Problem, im Gegenteil, wir freuten uns. Je seltener die Sozis versuchten, unsere Schüler zu verderben, umso besser.

Mit dem nächsten Lehrgang fuhren wir wieder zum Fliegen und RTL meldete sich an, eine Reportage über Jugendarbeit zu drehen. Wir freuten uns natürlich, die Sozis nicht.

Plötzlich wurden diese Schlechtmenschen wach und sagten RTL "wegen des Datenschutzes" und mit ähnlichen albernen Ausreden ab.

Dann rissen die Sozis die Ausschreibungen an sich, änderten die Bedingungen so, dass Schulungsräume in der Innenstadt ausgeschlossen wurden und trotz des riesigen Protestes der Betriebe, die unsere Schüler ausgebildet und übernommen hatten, der Schüler selbst und deren Eltern war es unser letzter Lehrgang.

Lieber Leser, urteilen Sie selbst, bevor Sie weiterlesen, ob meine Frau und ich etwas falsch oder zumindest nur schlecht gemacht hatten.

Warum ich Sozialpädagogen als "Schlechtmenschen" bezeichne? Weil ich aus eigenem Erleben (nicht nur in der Zeit unserer Lehrgänge) weiß, dass die Sozis arbeitsfaul, lernfaul, darum ungebildet, aber sehr gerissen sind.

Ausgerechnet dieser Abschaum tut so, als hätte er die Aufgabe, gestrauchelte Existenzen auf den rechten Weg zu bringen ("rechts" bedeutet normalerweise "richtig").
Als wir diesen Schlechtmenschen durch pure Arbeit zeigten, dass sie nutzlos sind, entwickelten sie beinahe unverhohlenen Hass auf uns.

Ja, ich weiß: Mitleid bekommt man geschenkt und Neid muss man sich hart erarbeiten.
Aber selbst dann, wenn wir hätten hart arbeiten müssen (die Arbeit ging uns allzu leicht von der Hand, denn sie machte uns täglich Freude), selbst dann wären wir vor dem Neid nicht verschont gewesen.

Die Folge all dessen war, dass wir uns um andere Arbeit kümmerten und diese auch leicht bekamen. In meinem Fall war das besonders einfach, denn ich gab Herrn Oberbecker auch in meinen Referenzen an. Er wurde sogar von einer Schulleiterin angerufen und ich bekam meine Mathe- und Physik-Lehrerstelle sofort.

Achtung! Ich habe keinerlei Rezept dafür, dem Neid an sich zu entgehen. Gute Leistungen schaffen immer Neider und diese sinnen stets auf Rache. Wir, meine Frau und ich, vermeiden aber seit dem Fall des Anschwärzens beim Arbeitsamt, unsere Angestellten oder sozial tiefer Stehende zu uns nach Hause einzuladen. Neutraler Boden ist immer etwas sicherer.

Der Neid auf Intelligenz, auf den "IQ"

Auch, wenn die Kluft zwischen dem Bildungsstand sehr groß war, entstand vor den 1970er Jahren kaum Neid auf intelligente Menschen, wie ich weiter oben schon schrieb.

Moment! Wichtig ist, dass ich mit dem Vorurteil über den Intelligenzquotienten (im Folgenden "IQ" genannt) aufräume. Der IQ drückt **nicht** den Bildungs**grad** aus! Er sagt, wie **schnell** jemand neue Fakten auffassen und mit Bekanntem verknüpfen kann. Ein Mensch mit einem IQ größer als 130 gilt als hochbegabt.
Und wieder: Achtung! Hochbegabte können durchaus wenig Bildung haben, aber es fällt ihnen viel leichter, neue Fakten zu lernen. Das liegt an der Aufnahmefähigkeit des Kurzzeitgedächtnisses.
Wenn ich das mit einem Computer vergleiche, ist das Kurzzeitgedächtnis das "BIOS", welches den PC ständig auf Eingaben und Ausgaben von Daten überwacht.
Das Langzeitgedächtnis, was der "Festplatte" entspricht, ist bei jedem normalen Menschen so riesig, dass es kaum überfüllt werden kann.
Wenn man an einem Tag so viel gelernt hat, dass "einem der Kopf raucht", man also eine Pause braucht, dann hat das Bewusstsein es nur noch nicht geschafft, das Wissen abzuspeichern.
Nochmals zum Kurzzeitgedächtnis. Machen Sie 'mal eine Probe, indem Sie einem Telefonpartner eine Telefonnummer durchgeben! Geben Sie die Nummer in 7er-, 5er- oder 3er-Blöcken durch und Sie werden Erstaunliches bemerken: Je nach IQ kann sich der Andere drei, fünf oder gar sieben Ziffern merken. Zwischenwerte sind auch möglich, aber wir Menschen lieben Dreier, Fünfer oder Siebener.
Vorsicht! Wenn sich der Partner nur drei Zahlen auf einmal merken kann, ist er deswegen nicht ungebildet oder gar dumm - ganz und gar nicht. Bringen Sie ihm immer Wertschätzung entgegen! Wenn Sie bereits mit ihm reden und ihm sogar ihre Telefonnummer sagen, ist er sicher kein Nichtsnutz, sonst redeten Sie nicht mit ihm.
Er ist nur nicht so schnell, die Auffassungsgabe betreffend. Na, und?!

In meinem Leben lernte ich sehr viele Menschen mit "nur" einem Hauptschulabschluss kennen und habe höchste Achtung vor ihnen, wenn sie arbeiten, also Werte schaffen. Allein aus dem Umstand, dass sie Werte schaffen, lernen diese Menschen jeden Tag dazu und wenden das Erlernte an. Sie haben ein riesiges Wissen angesammelt und fällen daraus ihre klugen Entscheidungen.
Das nenne ich "gesunden Menschenverstand".

Sie wollen noch wissen, was 10 IQ-Punkte ausmachen? Es ist dramatisch: Mit 10 Punkten mehr als 100 denkt dieser Mensch 1,4mal so schnell. Daraus folgt: Hat er 20 Punkte mehr auf dem Konto, denkt er doppelt so schnell wie ein "Hunderter" weil 1,96 fast zwei ist weil (1,4 * 1,4 = 1,96).
Rechnen Sie nun weiter für den IQ von 130 und Sie kommen auf das ungefähr 2,8fache, was also der dreifachen Denkgeschwindigkeit nahekommt (2 * 1,4 = 2,8).

Warum behaupten in letzter Zeit immer mehr Eltern, ihre Kinder seien "hochbegabt"? Ganz einfach: Sie wollen sich ein Ansehen geben oder es zumindest aufpolieren.
Denken Sie an den Spruch weiter oben "Meine Tochter kann Stroh zu Gold spinnen" und an "Dem klappernden Huf fehlt ein Nagel."
Vielleicht fällt Ihnen auch noch der Ausspruch meines damaligen, ärmlichen Direktors ein, an dessen angeblichen IQ sich zwei Menschen bedienen könnten?

Und es kann sein, dass Ihnen weitere Beispiel in den Sinn kommen ...

Neid der "Pfeifen" in der Schule

Erinnern wir uns der Jammerlappen in der Schulzeit. Ich meine die Pfeifen, die bestenfalls mitleidig belächelt wurden und ich meine vorrangig die männlichen; die weiblichen nannte man "Mauerblümchen".
Solche Jungs waren die, die man als letzte in eine Fußball-Mannschaft wählte, weil sie ängstlich, unsportlich und kraftlos waren. (Anmerkung zu mir: Ich gebe nicht gern zu, dass ich bis zur sechsten Klasse auch unsportlich war und darum oft der Vorletzte der Gewählten war. Das änderte sich schlagartig, als ich mich für die Mädels interessierte; ich trainierte anfangs Handball und später viel mehr.)

Was für Menschen waren diese Typen sonst? Ihre schulischen Leistungen lagen bei der Zensur "Drei". Einsen hatten sie kaum. Welche Qualitäten hatten sie, dass man sich mit ihnen abgab? Keine und man ließ sie links liegen. (Glücklicherweise teilte ich dieses Schicksal nicht, aber es tat weh, wenn es an die Wahl in die Fußballmannschaft ging, nicht zur ersten Wahl zu gehören.)
Wie schlimm musste es den Pfeifen gehen?! Sie gehörten zu gar keiner Wahl; niemand wollte sie.
Schlimmstenfalls wurden sie einfach auf dem Schulhof verhauen, zu mehr waren sie nicht zu gebrauchen und bestenfalls bekamen sie eine Aufgabe vom Klassenlehrer und damit ein klein wenig Ansehen - hofften sie.
Um ihr Ansehen wenigstens beim Lehrer aufzupolieren, denn ein guter Lehrer beachtet jedes Kind, schleimten sich diese Typen ein. Oft waren es die Petzen unter den Schülern.

Erinnern Sie sich? Mein Vorschlag, jetzt: Machen Sie eine kurze Lesepause!

Und was wurde aus dieser Art Mensch im späteren Leben? Bei Klassentreffen schienen sie sich "entpuppt" zu haben, hatten gute Stellungen und Posten (nicht Berufe!) und "stellten etwas dar" - so schien es zuerst.
Bei genaueren Fragen kam dann heraus, dass aus diesen Typen im schlimmsten Fall Beamte, Angestellte im öffentlichen Dienst, Politiker und ähnliche, nutzlose Menschen wurden. Im nicht so schlimmen Fall waren sie einfach nur Spießbürger, typische Untertanen.
Vorsicht! Spießbürger waren schon immer zu allen Hinterhältigkeiten bereit.

Wenn es auch kein Beweis ist, aber es ist ein starkes Anzeichen ("Indiz"), dass es so viele Romane und Filme über Spießbürger und Untertanen gibt. Warum wohl? Nehmen Sie den auch verfilmten Roman "Der Untertan" von Heinrich Mann - wie treffend!

Ja, ich höre schon wieder Ihre Bedenken, ich sollte doch alles nicht so radikal sehen und schreiben. Schließlich gäbe es ja auch Ausnahmen und aus Filmen und Romanen könne man nicht auf das "wahre Leben" schließen. Natürlich gibt es Ausnahmen und ich sprach auch nicht von einem Beweis.
Indizien sind Zeichen, die man beachten sollte.

Nun gut, ich versuche es anders. Nehmen wir das Thema "Eifersucht", welches immer und immer wieder in Liedern, Romanen, Filmen, Gedichten beleuchtet wird. Es gibt Eifersucht nun 'mal und man kommt nicht daran vorbei. Die kulturellen Werke zeigen uns das Typische am Thema auf.

Die typischen Spießbürger, die früheren Pfeifen, sind keine guten Menschen. Wären sie es, hätte man sie mehr beachtet und geachtet.
Woher mag das Wort "whistleblower" kommen? "Wistle" heißt übersetzt "pfeifen". Hat es gar miteinander zu tun?

Der Neid und die "Schul-Kasper"

Es gibt schon immer solche albernen Menschen, die uns zum Lachen bringen. In diesen Fällen bezweifle ich, dass diese "Kasper" neidisch sind - sie werden wegen ihrer Witze beachtet und das scheint ihnen zu genügen.

Der Neid und die "Machos"

Erinnern wir uns wieder unserer Schulzeit. Da gab es doch auch die Machos. Was war mit denen? Waren die auch neidisch?
Ich denke, nein. Nehmen wir das Lied "Macho, Macho" von Rainhard Fendrich aus dem Jahr 1988 und nur die ersten beiden Zeilen: "Er hat 'nen Hintern wie Apollo. In seinen Hüften schwingt Elan."
Die Machos brauchen sich um mangelndes Ansehen nie Gedanken zu machen, besonders nicht beim weiblichen Geschlecht. Belassen wir's dabei!

Ansehen und Fortpflanzung

Uns fortzupflanzen ist eines unserer Grundbedürfnisse. Werden wir nicht beachtet, also in die engere Partnerwahl gezogen, können wir dieses Grundbedürfnis nicht normal befriedigen.
Viele sind sich dieses einfachen Zusammenhanges gar nicht bewusst, streben also unbewusst nach Ansehen. Das ist sehr bedeutsam.

Warum? Ich hatte einen guten Kameraden, der aber zu allen Gelegenheiten den Kasper gab. Natürlich lachten wir immer wieder über ihn, nahmen ihn auch meistens für voll, aber eben nicht immer.

Wenn er Vorgesetzte veralberte, rächten sich die mit empfindlichen Strafen und unserem Kasper schien das kaum etwas auszumachen.
Mir taten die Strafen stellvertretend weh und irgendwann fragte ich ihn: "Wenn die dir immer wieder einen Denkzettel geben, warum machst du es trotzdem?"
Seine Antwort: "Ich weiß nicht; ich bin eben so."
Nehmen wir diese Begebenheit als Hinweis darauf, dass das Streben nach Ansehen unbewusst ist?

Noch ein Beispiel, nun aber mich ganz persönlich betreffend: Ich erwähnte weiter oben, dass ich ab der 6. Klasse viel Sport trieb und als dann für uns Flugschüler der sogenannte "Fliegertrainings-Sport" ein sehr bedeutendes Fach wurde, war ich fast allabendlich in der Sporthalle.
Mein damaliger Freund, nennen wir ihn „Stefan", der mich oft beim Sport begleitete, fragte mich im Vertrauen: "Björn, du hast doch schon eine hübsche Freundin. Warum treibst du trotzdem so verbissen Sport?"
Aus heutiger Sicht lässt diese Frage tief blicken, doch damals wusste auch ich - wie der Kasper - keine offizielle Antwort.
Ich wusste keine Antwort, die gut aussieht, hätte aber eine wahre Antwort geben können. Doch die wahre Antwort verbiss ich mir. Was steckt dahinter?

Frank Bettger, einer der besten Verkäufer der USA, sagte einmal sinngemäß: "Ein Mensch hat immer zwei Gründe, etwas zu tun - einen, der gut aussieht und einen wahren Grund." Dann erläuterte Bettger, wie man als Verkäufer den wahren Grund erfragen kann, denn das ist einer der Schlüssel zum Erfolg.

Zurück zur damaligen Situation. Ich hatte (aus heutiger Sicht!) sogar zwei wahre Gründe, so verbissen Sport zu treiben. Der erste war, dass ich unbedingt eine "Eins" im Fliegertrainings-Sport haben wollte, weil mir das wie eine Auszeichnung erschien und mein Ansehen unter den Kameraden hob.
Der zweite Grund: Ich wollte attraktiv aussehen, auch für meine schöne Freundin, damit sie mich nicht verließe.
Damals waren mir diese beiden Gründe aber nicht bewusst.

Der Wunsch nach Gewinn und die Angst vor Verlust

Ein weiterer Satz Frank Bettgers fällt mir ein (sinngemäß): "Menschen tun oder unterlassen etwas **nur** aus diesen zwei Gründen: Der Wunsch nach Gewinn oder die Angst vor Verlust."
So einfach ist es und heute werden diese Triebfedern mit allerlei Fachbegriffen umschrieben, wie bspw. "intrinsische Motivation". Man kann alles komplizierter machen, als es ist.

Auch dieser Satz Bettgers hat es in sich, denn wenn wir ihn auf das Ansehen beziehen, erklärt der Satz alles ganz einfach. Nehmen wir uns Schmeicheleien als Beispiel. Wenn uns jemand schmeichelt, empfinden wir das, wenn es nicht zu plump geschieht, als angenehm, scheint es doch unser Ansehen im Auge des Schmeichelnden zu heben.

Achtung! Eine alte Weisheit sagt, dass, wenn uns der Feind lobt, wir etwas falsch gemacht haben.
Im umgekehrten Falle, also wenn uns der Feind beschimpft, können wir uns sicher sein, dem Feinde gegenüber alles richtig gemacht zu haben.
Auf Schmeicheleien angewandt, bedeutet es, dass Schmeichler nichts Gutes im Schilde führen - aber das weiß man.

Zurück zur Überschrift. Bedenken Sie doch nochmals meine beiden wahren Gründe, so viel Sport zu treiben! Erkennen Sie meinen Wunsch nach Gewinn und meine Verlustangst?

Jetzt schlage ich wieder eine Pause vor und, dass Sie an irgendwelche Entscheidungen in Ihrem Leben unter diesem Wunsch- Angst- Gesichtspunkt denken.

Nach dieser Pause noch ein Vorschlag: Wenn Ihnen Entscheidungen anderer Personen einfallen, überdenken Sie diese doch einfach!

Warum geben sehr viele Menschen einen "offiziellen" Grund für ihre Entscheidungen an? Ich sage: Mindestens aus Angst vor Verlust ihres **Ansehens**, nur darum.

Ehrlicher Neid

Erinnern Sie sich meines Freundes, Stefan, der mich fragte, warum ich so viel Sport trieb? Er hatte mittlerweile auch geheiratet und dazu muss ich kurz etwas sagen.

Am Abend der Hochzeit - die Feier war voll im Gange - saß Stefan plötzlich in einer Ecke und schaute verbittert drein. Ich bemerkte es und wir gingen vor die Tür, uns in Ruhe zu unterhalten.
Der arme Kerl hatte sich kaum noch im Griff, denn Tränen standen in seinen Augen. Nach kurzer Zeit brach es aus ihm heraus: "Ich glaube, ich habe die falsche Frau geheiratet."
"Was?", entgegnete ich bestürzt.
Stefan: "Ja, guck sie dir doch an. Die ist doch eigentlich hässlich und dann noch die dicke Brille ..."

Natürlich tröstete ich ihn, aber aus heutiger Sicht log ich Stefan nur an, damit er sich beruhigte und wieder zu den Feiernden ging.

Einige Zeit später verbrachte ich wieder einmal einen Abend mit ihm und wir schauten mit meinem selbstgebauten Teleskop Sterne und Planeten an.
Plötzlich fing mein Freund an, schluchzend zu weinen und ich war bestürzt, sah ich doch damals keinen Anlass dafür. Der Abend war doch schön und harmonisch verlaufen!
Natürlich fragte ich ihn und er gab mir sinngemäß zur Antwort: "Du hast es gut. Du hast eine schöne Frau, ein Auto, hast nie Langeweile, kannst so viel. Und ich? ... Wenn die Fliegerei nicht wäre, wäre mein Leben sinnlos."

Ich hätte Stefan damals zutiefst dankbar sein müssen, erkannte es aber nicht. Welcher Mensch hat schon diese Größe, seinen Neid offen zuzugeben?!

Ungefähr 25 Jahre später kam es zu einer ähnlichen Situation, jedoch nicht mit Stefan, sondern mit einem anderen guten Bekannten, den ich jetzt "Ortleff" nenne. Mit Ortleff verband mich die Fliegerei.
Vor einigen Jahren hatten wir uns einen Pool fest eingebaut und der Pool wurde immer wieder gern auch von Gästen genutzt, sich zu erfrischen. Ortleff war zu Gast, wir schwammen umher und ich stand schon wieder am Beckenrand.
Die ganze Zeit über hatten wir uns angeregt unterhalten und weil mir mein Bekannter etwas sagen wollte, aber noch im Wasser war, verstand ich ihn nicht gut genug. Darum ging ich am Beckenrand in den Liegestütz, auf dass ich ihn besser hören konnte.
Ortleff brach mitten im Satz ab, machte ein böses Gesicht und sagte: "Mach' das nicht mehr!"
"Was denn?", fragte ich verwundert.

Er: "Solche Turnereien. Das macht mich 'runter."
Ich entgegnete, dass das doch nur ein Liegestütz sei.
Ortleff: "Aber ich kann das nicht und das macht mich 'runter."

Wieder dieser ehrliche Neid. Solche Momente sind selten. Glücklicherweise prägte sich dieses Erlebnis bei mir tief ein, aber nicht tief genug. Warum?

Ich empfand noch nie - wirklich(!) - noch nie Neid. Darum konnte ich mir Neid auch nicht bei anderen Menschen so richtig vorstellen. Das lag auch daran, dass ich die meiste Arbeitszeit meines Lebens selbstständig war.

Eine wichtige Bedingung für Neid

Wenn Sie ehrlich zu sich sind, fragen Sie sich jetzt einmal selbst, ob Sie jemals Neid verspürten!
Und? Egal, denn ich will es gar nicht wissen.
Nun denken Sie bitte an irgendeinen Milliardär, vielleicht einen der beiden ALDI-Gründer und prüfen, ob sie auf ihn neidisch sind! Und?

Ich habe herausgefunden, dass Menschen nur dann Neid entwickeln können, wenn sie sich mit dem Beneideten vergleichen.
Vergleichen kann man sich gut unter sozial Gleichgestellten, aber fast nie, wenn die Kluft zu groß ist. Mit einem Milliardär kann man sich nicht auf eine Stufe stellen.

Woran das liegt? Neid ist ein Gefühl, welches einhergeht mit Gedanken. Der Neidische gesteht sich etwas ein; er ist ganz ehrlich zu sich selbst. Er gesteht, dass er das, worauf er neidisch ist, auch hätte selbst erreichen können.

Er weiß, dass er zu faul war, sich anzustrengen. Das kann das Anstrengen in Bezug auf das Arbeiten oder Sport Treiben, Lernen oder andere anstrengende Tätigkeiten sein. Er weiß auch, dass er in Zukunft zu faul sein wird und darum nie das erreichen wird, auf das er neidisch ist.
Um sich selbst aber zu beruhigen, erfindet er allerlei Gründe, die nichts mit seiner Faulheit zu tun haben, weshalb er sich nie anstrengen wird. Diese Gründe sehen für ihn gut aus und darum ist er damit zufrieden.

Neid auf Intelligenz hat eine andere Ursache. Der Neidhammel glaubt, dass er auch in der Lage ist, Zusammenhänge zu erkennen. Er glaubt richtig. Aber er weiß nicht, dass der Intelligentere diese Zusammenhänge einfach nur viel schneller erkennt als er.
Der Neidische vergleicht sich mit dem Intelligenten, weil er (nach längerer Zeit) auch auf gleiche Ergebnisse seines Denkprozesses kommt.
Diese Zusammenhänge liegen bereits logisch vor, denn der Intelligente hat sie bereits dargelegt.
Der Neider deutet sie aber als Produkt seines eigenen Denkens. Wie oft hört man den Satz "Da wäre ich auch drauf gekommen!", wobei dieser Satz nicht nur von Neidischen ausgesprochen wird (!!).

Gleichstellung und Gleichmacherei fördern Neid

Die Überschrift sagt es schon und nachdem Sie meinen bisherigen Sätzen gefolgt sind, liegt es auf der Hand.

Wenn den Menschen der Gleichstellungs-Gedanke eingeflüstert wird, freuen sie sich nicht nur, endlich "gleich viel wert", also besser angesehen zu sein, sondern vergleichen sich plötzlich mit anderen Menschen, mit denen sie sich vorher nie vergleichen wollten.

Ohne dieses Vergleichen gibt es kaum Neid. Gleichmacherei fördert das Vergleichen und damit den Neid.

Die Gleichmacherei kann nur "nach unten" geschehen. Nehmen wir wieder die Intelligenz zu Hilfe.
Schnelleres Denken (den IQ anheben) kann man nur sehr begrenzt trainieren. Wenn alle Menschen "nach oben" gleichgemacht werden sollten, müsste man ein Mittelchen erfinden, welches die Minderbegabten plötzlich so schnell denken lässt wie die Hochbegabten es können. Dieses Mittel gibt es allenfalls in utopischer Literatur oder in solchen Filmen.
Daraus folgt, dass man die Intelligenten unterdrücken muss und das geschieht jetzt schon auf verschiedene Weise.
Bspw. wurden viele Fälle (nicht nur aus den USA) bekannt, in welchen Professoren einfach entlassen wurden, weil sie ihre Studenten zum Lernen aufriefen, wenn sie nur jammerten. Um Entlassungsgründe zu erfinden, wurden den Lehrenden allerlei Schlechtigkeiten und Verfehlungen angedichtet und "damit der Skandal nicht das Ansehen der Universität beschmutzt, sollten die Hochschullehrer besser der Uni fernbleiben". Auch auf dieses Unterthema werde ich noch zurückkommen.

Natürliche Auslese wird unterbunden

Bilder sagen mehr als tausend Worte, sagt ein altes Sprichwort sinngemäß. Wenn Sie auf Youtube den dreiminütigen Trailer zum Film "Idiocracy" anschauen, können Sie sich den nun folgenden Abschnitt sparen.
Kurz wiedergegeben lautet der Text des Film-Sprechers einleitend ungefähr so: "Über die Jahrmillionen der Menschheitsgeschichte paarten sich immer nur die Besten, Schnellsten, Stärksten. Dieser Prozess wurde in jüngster Zeit umgekehrt." Dann folgen üble Filmszenen aus dem täglichen Leben, die das abstoßend verdeutlichen.
Gleich und Gleich gesellt sich gern, ja. Allerdings sinkt das geistige Niveau der Gleichen immer weiter; Ausbildungsbetriebe und Hochschulen sangen ihre Klagelieder darüber immer lauter. Der Gesang wird aber bereits leiser, denn immer weniger singen, falls sie sich noch getrauen zu singen (siehe oben).

Woran erkennt ein Partner die Schönheit und Stärke am anderen, auf dass er diesen zur Paarung auswählt? Zuerst erkennt er es optisch. Er sieht die rein körperlichen Merkmale sofort, schon von Weitem.
Nach näherer Betrachtung und gar einigen Berührungen (auch nach dem Händedruck) kann sich der erste Eindruck bestätigen oder nicht.
Etwas deutlicher gesagt, kann ein Partner von Weitem jugendlich wirken, was bei näherer Betrachtung sogar in's Gegenteil umschlägt. Das will ich jetzt nicht weiter ausbauen.
Kommen wir zu den Irrtümern, der absichtlichen Täuschung wegen.

Bis ungefähr 1970 war es in Deutschland so: Wenn wir uns dem Partner nähern und er vom Alter in die engere Wahl kommt, weil das oben Genannte zu passen scheint, hören wir auf seine Sprache und Ausdrucksweise und entscheiden wieder, ob er zu uns passt.
Dann schauen wir in seine Augen und die nächste Entscheidung fällt. Erst im weiteren Gespräch, zu dem wir uns entschieden haben, prüfen wir das geistige Niveau des Partners und erst wenn alles passt, paaren wir uns mit ihm.

Nun die Täuschungsmöglichkeiten: Wenn der Partner ausreichend an seiner Sprache und Ausdrucksweise gefeilt hat, kann er relativ hohe Bildung und Intelligenz für's Erste vortäuschen.
An den Augen erkennt man normalerweise auch die Intelligenz; denken Sie an den Satz "Guck nicht so blöd!" Was aber, wenn der Täuschende geschminkt ist oder / und eine Brille trägt?
Ein hohes geistiges Niveau kann auch vortäuschen, wer sich mit allerlei Fachbegriffen um sich werfend vielseitig interessiert zeigt, dabei also so tut, als wüsste er über alles Bescheid. Ihnen fallen sicher noch andere Blender ein.

Der Sinn des Lebens ist nur, dass wir uns fortpflanzen. Oft hört man "Männer wollen nur das Eine", aber es muss ja auch genug Frauen geben, die mitmachen.

Wieder zu unseren beiden Partnern. Sollten sich also beide Partner gegenseitig genug getäuscht haben, wird schnell ein "one-night-stand" daraus und wenn beide Pech haben, erwächst ein Kind daraus.
Pech? Ja, denn alles beruhte auf Täuschung, aber eher ist das Kind das bedauernswerte Geschöpf.

Selbst, wenn etwas mehr aus der kurzen Begebenheit wird und die beiden zusammenbleiben, werden sie es nicht lange. Woher kommt die immer noch hohe Scheidungsrate in Deutschland (es waren schon über 50%)?
Gut, das mag sich überspitzt lesen, aber "Übertreibung macht anschaulich", sagt ein Sprichwort.

Typische Täuschungen zwecks Fortpflanzung werden mit angeblichem Reichtum begangen; Heiratsschwindler kennen sich da am besten aus.

Es wird aber auch gern gesellschaftlicher Status vorgetäuscht, der nicht vorhanden ist. Originalton: "Meine Frau arbeitet schließlich in der Bank! Die muss das wissen." Später erfuhr ich, dass die Ehefrau des Sprechers in der Bank saubermachte. Hatte der Angeber gelogen? Nein. Er hatte nur etwas verschwiegen, geschickt sogar.

Zu den Folgen der Täuschungen im Zusammenhang mit der natürlichen Auslese muss ich nicht viel schreiben. Die Besten paaren sich nicht mehr so häufig, wie es für eine Weiterentwicklung der Menschheit dienlich ist.
Dabei geht es nicht nur um den IQ, sondern auch um körperliche Merkmale wie Stärke, Ausdauer und Widerstandsfähigkeit gegen Krankheiten u.v.a.m. Mir würde Angst, wenn ich in hundert Jahren noch erleben müsste, was für verweichlichte, anfällige, jammernde und verdummte Kriecher dann die Welt bevölkerten - wenn sie überhaupt überlebten.
Man muss nicht Hitlers Ausspruch von "zäh wie Leder, hart wie Krupp-Stahl und flink wie die Windhunde" bemühen, sondern in meinem Alter genügt es, sich an die eigene Jugend zu erinnern und mit der heutigen zu vergleichen - ein Jammer.

Leider sieht man noch eine Abwärtsspirale: Es ist den Jüngeren nicht einmal mehr peinlich, ungebildet oder gar dumm zu sein. Je ungebildeter, umso kritikloser werden paarungsfähige, junge Menschen noch dazu.
Anders gesagt, sind sie bei der Partnerwahl nachlässiger und nachlässiger. Sie lassen sich, je weiter die Unbildung fortschreitet, immer leichter täuschen, was bedeutet, dass die gesamte menschliche Erbmasse insgesamt immer mehr an Qualität verliert.

Natürlich, die Mediziner freuen sich: Zuerst korrigieren sie körperliche Merkmale so sehr, dass man als Mann auf den ersten Blick glauben könnte, es käme ein Top-Model daher. "Ein Gebrauchtwagen-Händler bekäme 10 Jahre Knast für so einen Betrug", lautet ein alter Witz. Schlimm wird der Anblick des ersten Kindes sein, aber dann ist es zu spät.
Nicht nur die Schönheits-Mediziner haben also wieder etwas zu tun. Weitere Leute kümmern sich gern um diese Erbfehler (krumme Gliedmaßen, schlechte Augen, allerlei Allergien, LRS, ADHS, ABC, DFG, HIJ usw.).
Warum gab es diese Ausrede-Krankheiten früher nicht? Nun, die alten Bauern haben dafür einen Spruch parat: "Sowas hätte man früher unter die kalte Pumpe gehalten." Das ist brutal und wäre heutzutage durchaus vermeidbar, wenn ..., ja wenn die jungen Menschen besser bei der Partnerwahl achtgäben. Aber wie können sie das tun, besser achtgeben, wenn sie dazu gar nicht mehr in der Lage sind?

Die Unfähigsten werden Lehrer

Meine Frau und ich hatten schon viele, tausende Schüler und - so schrieb ich es weiter oben bereits - wir treffen natürlich immer wieder diese Altschüler, aber auch deren Eltern. Aber auch das folgende Gespräch trug sich zu.

Meine Frau: "Oh, Frau Knopf, wie geht es denn Ihrer Lisa?"
Frau Knopf: "Lisa studiert jetzt auf Lehramt. Dann wird sie Beamtin und hat ausgesorgt."
Meine Frau: "Und welche Fächer studiert sie?"
Frau Knopf: "Geographie und Mathe."
Als mir meine Frau von diesem Gespräch erzählte, war sie erschüttert, denn Lisa Knopf bekam von meiner Frau immer wieder Nachhilfe in Mathe. Lisa konnte trotz aller Bemühungen nicht Eins und Eins zusammenzählen.
Zum Glück für die Schulkinder ist sie jetzt "Bäääänkerin." Junge, Junge!

Lisa ist kein Einzelfall, denn unsere Kinder erzählten uns von ihren Klassenkameraden, dass die, die ihr Abitur mit Ach und Krach geschafft hatten, was studierten? Lehrer - versteht sich mittlerweile von selbst.
Und immer, wenn meine Frau und ich das in gemütlicher Runde erzählen, bestätigen uns die Gesprächspartner das mit eigenen, ähnlichen Erlebnissen.

Sie glauben, dass das erst seit den letzten 20 Jahren so ist? Nein, solche Zustände herrschen in der Alt-Bundesrepublik schon sehr lange. Und wieder ein drastisches Beispiel aus eigenem Erleben.
Franka Betzold (Name geändert), eine Oberstudienrätin in unserem Alter, mietete bei uns eine Wohnung und diese Wohnung befindet sich über der Nachhilfe meiner Frau.
Franka war Lehrerin für Geographie und Sport. Was wir erst später erfuhren, war, dass man Franka schon mehrmals von einer Schule in die nächste versetzt hatte, denn sie war … Moment! Lassen wir Frau Betzold selbst sprechen.

Eines Tages wunderte sich meine Frau, dass Frankas Auto mittags noch in der Einfahrt stand und ging, um nach ihr zu sehen.
Es öffnete ein zerstrubbeltes Etwas - Franka.

"Bist du krank?", fragte meine Frau besorgt.
Franka: "Nein, aber heute Morgen regnete es so sehr, dass ich mich sofort depressiv fühlte. Da habe ich in der Schule angerufen und mich abgemeldet."

An einem anderen Tag musste meine Frau für eine halbe Stunde die Nachhilfe verlassen und bat Frau Betzold, kurz auf die Kinder aufzupassen.
Franka: "Na ja, aber die dürfen mich nichts fragen."
Meine Frau: "Da kommen höchstens Fragen in Mathe, aber nur von der 4. Klasse."
Franka: "Ausgeschlossen! Mathe konnte ich noch nie."

Irgendwann fragte meine Frau diese Franka, was sie denn in ihren Unterricht gerade behandelte.
Franka: "In Sport springen wir gerade Trampolin und in Geo mache ich Bundesländer. Aber ich mache immer nur Trampolin und Bundesländer, das ganze Jahr über."

Eines Tages kündigte Frau Betzold das Mietverhältnis und erzählte stolz von ihrem Gespräch mit dem Schulrat: "Herr Y war sehr nett und sagte mir, dass eine Frau mit meinen Fähigkeiten eine bessere Stelle verdient. Ich werde nach Z versetzt und werde dort Schulleiterin. Darum muss ich leider den Mietvertrag kündigen."

Wenn das alles nicht meine Frau, sondern jemand anderes erzählt hätte, würde ich es nicht glauben. Als ich dann aber selbst Lehrer an öffentlichen Schulen war, bestätigten sich all diese Albträume - die Unbildung marschiert.

Unsere Kinder können nichts dafür! Wenn sie von solchen "Lehrern" unterrichtet werden, kann nichts dabei herauskommen, zumindest nichts Gutes.

Es ist kein Wunder, dass diese Art "Lehrer" links / grün wählt, denn sie wissen nichts und glauben darum den Heilsversprechen solcher Politiker.
Es ist auch kein Wunder, dass so eine Art Menschen gern Beamter wird.
Nur zur Information und man kann es überall nachlesen: Als angestellter Lehrer, wie meine Frau und ich es waren, bekommt man (in der Stufe 13/5) monatlich 5.700 Euro brutto, was netto locker 3.200 Euro netto bedeutet. Beamte bekommen rund 800 Euro netto mehr und eine bessere Pension als es Rentner erzielen könnten.

„Jaaa", höre ich wieder die Bedenkenträger, „dafür ist der Lehrerjob auch soooo anstrengend und Lehrer haben mindestens einen 12-Stunden-Tag."
Alles Quatsch! Das stimmt nicht; das geben die Lehrer gern so vor.
Wer seine Fächer zutiefst verstanden hat, kann auch gut erklären und hat kaum Vorbereitungszeit. Nach ein paar Jahren kann man es einfach ohne besondere Vorbereitung.

Jetzt höre ich im geistigen Ohr: "Hah! Der Köhler will sich nur in den Vordergrund rücken. Mag er ja ein guter Lehrer sein, aber es können nicht alle so sein wie er."
Meine Antwort: Wir Menschen sind unterschiedlich, ja. Allerdings haben die Schlafmützen den Lehrerberuf weit verfehlt, weil sie unseren Kindern schaden. Das ist schon beinahe Kindesmissbrauch.
Wir brauchen die Besten als Lehrer und ich kann nichts dafür, dass ich nicht zu den Schlechten gehöre. Das habe ich sogar mehrfach schriftlich.

Und um den wahren Lehrern die Ehre zu geben: Es gibt sie noch und ich kenne viele Kollegen, die ihren Beruf als Berufung ansehen und schon allein darum sehr gut mit den Kindern zurechtkommen und ihnen auch etwas beibringen. Aber ich habe auch erlebt, dass diese Kollegen langsam in den Schulen "aussterben", wenn sie nicht schon "herausgebissen" wurden.

Warum "Angstmache" wirkt

Um mir Tipp-Arbeit zu ersparen, zitiere ich nun doch. Wenn man das Wort „Angst" bei Google eingibt, erscheint sofort das Folgende aus Wikipedia:
„Angst ist ein Grundgefühl, das sich in als bedrohlich empfundenen Situationen als Besorgnis und unlustbetonte Erregung äußert. Auslöser können dabei erwartete Bedrohungen, etwa der körperlichen Unversehrtheit, der Selbstachtung oder des Selbstbildes sein."

Angst vor Verlust der körperlichen Unversehrtheit, mehr noch, vor Beschädigung der Selbstachtung oder des Selbstbildes deutet wieder auf Ansehensverlust hin. Aha!

Aber nehmen wir den letzten Satz auseinander. „Erwartete Bedrohungen" hat es in sich. Zu den Bedrohungen, vor allem zum Wort „erwartete".
Erwarten kann man nur etwas, was in der Zukunft liegt, also noch nicht passiert. Das gilt auch für das Warten. Wenn ich warte, dann harre ich so lange aus, bis das Ereignis, welches ich voraussehe, passiert. Ich bin mir aber schon sicher, dass das Ereignis eintreten wird und weiß schon ziemlich genau den Zeitpunkt.
Wenn ich **er**warte, ist es ähnlich, das Ereignis selbst betreffend, aber ich bin mir des Zeitpunkts nicht so sicher wie beim Warten.

Wie auch immer, erwarte ich eine Bedrohung, also eine Folge aus derzeitigen oder vergangenen Geschehnissen und hier liegt der Hase im Pfeffer.
Was ist, wenn die Geschehnisse gar keine sind?! Dann treten die Folgen auch nicht ein - ganz einfach.
Man muss nicht sofort die Corona-Lüge bemühen, um es einleuchtend zu machen, was gemeint ist.

Untersuchen wir weiter! Jemandem Angst zu machen, beinhaltet eine sogenannte "Wenn-Dann-Gleichung".
Vielleicht sagte Ihre Oma auch immer das was meine tat, wenn ich absichtlich schielte: "Junge, lass das! Wenn die Uhr schlägt, dann bleiben deine Augen so stehen."
Ich sah dann auf die Uhr und entgegnete lachend: "Dann habe ich ja noch 10 Minuten Zeit." Und ich schielte weiter, meist noch schlimmer, so dass sich meine Oma kopfschüttelnd abwandte. Später wartete ich auf den Gong der alten, ehrwürdigen Wanduhr und schielte, dass mir die Augen weh taten - nichts.
Oma hatte noch mehr solcher Weisheiten auf Lager, zum Beispiel: "Die Russen haben einen längeren Darm" oder "Eskimos haben keine Backenzähne". So etwas sagte sie mit so viel Überzeugung in ihrer Stimme, dass ich nicht widersprach. Auf solche "Weisheiten" und deren Überzeugungskraft werde ich noch zu sprechen kommen.

Zurück zur "Wenn-Dann-Gleichung"! Der erste Teil, das "Wenn", ist eine notwendige Bedingung für die Folge, also das "Dann". Das klingt so logisch, dass man es als Ungeübter nicht anzweifeln mag.
Beide, das Wenn und das Dann können aber falsch sein oder / und auch gar keine Gleichung bilden, also gar nicht miteinander verknüpft sein!

Nehmen wir das Beispiel des Schielens und es liegt auf der Hand. Die Uhr schlägt selten genug oder gar nicht, wenn sie kaputt ist. Die Uhr kann falsch gehen usw. Das „Wenn“ ist schon mal falsch.
Da Augen normalerweise nur "stehen bleiben", wenn man gestorben ist, entfällt auch dieses Risiko. Damit ist das „Dann“ auch zerstört.

Jetzt wieder ein aufgeschnappter Spruch einer anderen Oma, welcher die Absurdität solcher Wenn-Dann-Beziehungen deutlich macht: "Mir juckt der Arsch - der Quark wird teurer." Übersetzt könnte der Spruch so lauten: "Wenn mir der A.... juckt, dann wird der Quark teurer."

Für Ihre nächste Diskussion: Wenn Ihnen gegenüber, lieber Leser, jemand mit einer Wenn-Dann-Gleichung im Gespräch daherkommt, untersuchen Sie sofort das Wenn, das Dann und die Gleichung auf ihre Wahrheitsgehalte. Wenn Sie nur einen Fehler finden, ist alles Blödsinn.

Nicht nur für die Diskussion: Es ist im täglichen Leben auch so anwendbar. Gibt es nur einen Fehler in der Gleichung, stimmt die Gleichung nicht.

Es gilt aber auch im anderen Fall: Wenn Sie jemandem drohen wollen, auf dass der Jemand etwas unterlässt, was irgendeinen Schaden herbeiführen wird, sollten Sie keine leeren Drohungen aussprechen. Ihre Wenn-Dann- Gleichung muss stimmen, damit der Andere nicht lacht.
Ein Schulfreund pflegte immer auf Drohungen ("Ich knall' dir gleich eine!") so zu reagieren: "Muss ich dann dabei sein?" Er konnte es sich leisten.

Nun zur Corona-"Bedrohung" und der Angstmacherei. Auch hier ist es eine Wenn-Dann-Gleichung, bspw. klingt sie so: "Wenn wir uns mit Corona anstecken, dann werden wir sehr, sehr krank und sterben sogar."

Ich zweifelte das Vorhandensein von Corona-Viren nie an; es gibt die Viren laut Dr. Wodarg schon ewig und seit über 60 Jahren sind sie der Wissenschaft bekannt.
Dass "Corona" nur ein neuer Name für die altbekannte Erkältung oder auch für die Grippe ist, die Grippe ist ja ausgestorben, lassen wir beiseite und das andere, nur ablenkende Theater (Infektion, die keine ist, Pandemie, die ihren Namen auch nicht verdient usw.) auch.

"Wenn wir uns mit Corona anstecken" setzt voraus, **dass** wir uns anstecken. Wie in Zeiten aller Erkältungen sind wir gewohnt vorsichtig, aber nicht übertrieben. Bei Erkältungswellen trugen wir früher auch keine Masken - warum dann heute?!
Gut, nehmen wir an, wir hätten uns wirklich mit Corona angesteckt. Nehmen wir uns das "Dann" vor. Also sollten wir zumindest "sehr, sehr krank werden".
Wo sind dann aber die vielen, vielen vorhergesagten Kranken?! Der offizielle Krankenstand gibt diese Folge gar nicht her.
Nebenbei: In einer Epidemie oder Pandemie liegen die Kranken nur so herum und wenn Corona so lebensgefährlich wäre, wie man es uns weismachen will, müssten nach Definition Massengräber ausgehoben werden. Das Gegenteil war im Juni '20 der Fall: Die Bestatter mussten Kurzarbeit anmelden, berichtete sogar die Journaille.
Weil die positiv Getesteten keine oder nur schwache Symptome zeigten, also nicht oder nur etwas krank wurden und weil niemand persönlich einen Corona-Toten kennt (besser: kannte), ist das "Dann" auch nicht mehr gültig.

Der Zusammenhang (die Gleichung) wurde von der Politik selbst zerstört: Man sprach, weil die Corona-Zweifler schon zu laut darauf hingewiesen hatten plötzlich nur noch von "AN oder MIT Corona Gestorbenen".

"Warum fällt diese einfache Logik nur relativ wenigen Leuten auf?", fragte ich mich immer, wenn ich Leute mit Maske gar in ihren Autos sitzen sah und: "Warum haben fast alle Leute diese Angst?"

Meine, wohlgemerkt, **meine** Antwort ist zwingend, sehr einfach, aber sehr brutal: Weil rund 90% aller Menschen ungebildet sind.
Bis ich zu dieser Erkenntnis gelangen konnte, musste ich sehr viel lesen, viele Statistiken auswerten und viele Fakten zusammentragen. Immer und immer wieder überprüfte ich diese Antwort, komme aber zu keinem anderen Ergebnis. Die Masse wurde absichtlich verblödet, wurde stumpfsinnig gemacht.

"Stumpfsinnig" ist ein treffenderer Ausdruck, "blöd" ist auch treffend, klingt aber nach "dumm". Dumm sind die Menschen nicht! Sie haben nur eben aufgrund der Unbildung ihre gesunden Sinne verloren.
Ein "stumpfer Sinn" erkennt noch etwas, aber bei Weitem nicht so viel wie ein wacher oder gar geschärfter Sinn.

Wie man jemanden verblödet

Die Frage lautet mit anderem Ausdruck: Wie macht man Menschen stumpfsinnig?
Das funktioniert nicht einfach mittels Falschinformationen, denn die könnten auffliegen. Es ist viel einfacher.

Stellen Sie sich einen Menschen vor, den man tagein, tagaus mit lauter Musik beschallt. Nach einiger Zeit wird sein Gehör stumpfsinnig.
Raffinierter ist, dem Menschen immer wieder ein Lied vorzuspielen; irgendwann "kann er es nicht mehr hören", anders: Er will es nicht mehr hören und versucht, sein ganzes Interesse auf andere Sinneseindrücke zu lenken. Damit blendet er das Lied aus.

Das hat von uns jeder schon erlebt: Wir sitzen im Auto, im Bus, im Zug und hören die Fahrgeräusche bald nicht mehr. Wir blenden sie aus, denn sie sind uninteressant.

Wenden wir dieses Hörbeispiel auf das Gequatsche der Politiker an! Solange nur "Altparteien" im Bundestag daherquasselten, empfanden die Menschen Politik als langweilig.
Klar, denn das Politiker-Gesäusel war inhaltsloses Gerede um des Redens willen. Das ist die eine Seite des Würfels und es gibt in diesem perfiden Würfelspiel noch mehr.

Stellen Sie sich einen Hund vor, dem ein Handy hingehalten wird. Mag das Handy auch für Hunde typische Töne abspielen, aber der Bello wird das Handy beschnüffeln und sich schnell wieder abwenden. Der Hund hat kein Interesse daran.
Nun nehmen wir an, dass wir dem Hund zeigen, dass er, sobald er mit der Pfote darauf tippt, ganz automatisch ein Leckerli bekommt.
Hunde sind gelehrig und ich wette, dass der Hund bald jedes Handy interessant findet. Jedes Handy? Ja, denn auch Hunde können verallgemeinern; sie erkennen in großen, kleinen, niedlichen und hässlichen Hunden einen Hund.

Bei meinen Schülern konnte ich besonders in Physik das Gleiche beobachten. Führte ich, ohne, dass die Schüler Fachwissen hatten, spektakuläre Versuche durch, erlosch das Interesse schnell.
Brachte ich Ihnen aber vorher Grundlagenwissen bei, sah alles ganz anders aus, was ich nicht weiter vertiefe als nötig.

Ein dazugehöriges Beispiel: Mit zwei aus alten Geräten ausgebauten Lautsprechern und etwas Klingeldraht kann man schnell eine Wechselsprechanlage herstellen - ohne Batterie oder andere Bauteile (Fachleute wissen: Das ist das Prinzip des Telefons von Alexander Graham Bell).
Die Schüler waren verblüfft und fasziniert und wollten wissen, wie das funktioniert. Sie beschäftigten sich auch wegen solcher einfachen Experimente in der Freizeit weiter mit Physik - voller Interesse und sogar die Mädchen.
Natürlich hätten sie sagen können "Aber mein Handy kann viel mehr", aber das sagten sie eben nicht, denn sie verstanden das einfache Prinzip ganz schnell und wollten mehr wissen. Von Langeweile und Stumpfsinn keine Spur!

Lieber Leser, ahnen Sie, worauf ich abziele? Wohl schon, sonst hätten Sie das Buch nicht bis hierher gelesen.

Stellen wir uns nun einen Menschen vor, der für sein tägliches Brot, für Miete usw. sehr viel und eintönig (Fließband?) arbeiten muss.
Kommt er nach Hause, kümmert er sich um Familie, Haus und Hof oder nur um die Familie und dann ist auch bald Schlafenszeit.
Am nächsten Morgen das Gleiche und nur an Wochenenden kann er sich erholen, was er auch ausgiebig tut, denn in der kommenden Woche beginnt der Trott von vorn.
„Gut, das gab es auch schon vor der Volksverblödung", kann man einwenden. Stimmt.

Das Essen ist ein Grundbedürfnis und das nutzen wir nun bei unserem fleißigen Arbeiter aus.
Wir bombardieren den Arbeiter jetzt und immer wieder mit Werbung, Koch-Shows u.ä., mehr noch, wir machen aus dem Grillen einen Kult, setzen ihm moderne Gladiatoren-Spiele, also Fußball vor, sorgen dafür, dass ausreichend Zigaretten und Alkohol zur Verfügung stehen, versorgen ihn ständig mit populärer Musik aus dem Radio und so weiter.
Jetzt wette ich, dass die Sinne dieses Arbeiters für andere Reize stumpf werden.
Ein Reiz könnte sein, an einem Lagerfeuer zu sitzen, Gitarre zu spielen und gemeinsam Lieder zu singen. Lassen wir die Gitarre weg! Lieder singen? Wer kann heute noch Lieder singen, noch dazu in konstanter und richtiger Tonlage? Warum auch?! "Et is so ruhig hier. Mach' doch dat Radio mal an!"
Fragen Sie Menschen einfach nur nach ihren Hobbies! Sie werden staunen, wie inhaltslos das Leben der meisten Menschen geworden ist.

Wie man Menschen unmündig macht

Der nun beschriebene Weg, Menschen urteils- und entscheidungs**un**fähig zu machen, muss behutsam gegangen werden und die Verblödung (das Abstumpfen der Sinne und Interessen) muss schon fortgeschritten sein.

Ich erinnere mich an eine Sendung von RTL gegen Mitte der 90er Jahre. Man hatte einen Wohnwagen in eine Fußgängerzone gestellt und mit der Aufschrift "Sexomobil" oder ähnlich versehen. Ein Reporter lud die Passanten ein, einen Wissenstest zu machen. Eine Frage an Männer war: "Wie viel Klitorides hat eine Frau?"

Nun ja, das war, zugegeben, etwas unfair. "Klitorides" ist die Mehrzahl von "Klitoris", dem weiblichen Lustorgan. Interessanterweise fragte niemand der Teilnehmer nach diesem ungewöhnlichen Wort, sondern die meisten antworteten entschieden und mit wissender Miene: "Zwei." Einer sagte sogar: „Drei, ganz sicher."

Damals lachte ich noch, war aber doch entsetzt. Diese Art der Sendungen war zwar nur darauf ausgelegt, Menschen zu blamieren, aber man sprach damals schon von der "Generation doof".

Ungefähr gleichzeitig begann der Siegeszug des Fahrradhelms. Damals war die Notwendigkeit oder gar Pflicht für das Aufsetzen höchst umstritten, denn es verletzte sich kaum jemand beim Fahrradfahren am Kopf; so etwas galt eher für Autofahrer und Fußgänger. Der Gesetzgeber gab nur dann Empfehlungen, einen Helm aufzusetzen, wenn man risikoreich mit dem Fahrrad fährt.
Nun, beim Schreiben, erinnere ich mich auch der vielen "Fachleute", die Fahrradhelme empfohlen, ja, als überlebenswichtig hinstellten und der Werbekampagnen für diesen Helm.
Ich habe übrigens auch einen, aber zum Gleitschirm-Fliegen, weil der so schön leicht ist. Bis zur Helmpflicht (wegen der Versicherung) flog ich immer ohne. Und? Ich lebe noch.
Wenn wir als Kinder früher ohne Helm fuhren und auf die Nase fielen, lernten wir aus diesen Fehlern. Kennen Sie, lieber Leser, ein damaliges Kind, welches an einer Hirnverletzung starb, weil es ohne Helm fuhr?

Wie auch immer. Nun schauen Sie bewusst auf die Menschen-Typen der behelmten Radfahrer! Fällt Ihnen an den Menschen-**Typen** etwas auf?

Als die Handys erschwinglicher wurden, warb man dafür, die Kinder damit auszustatten, mehr noch: Es sollte ein GPS-Tracker eingebaut sein, um stets zu wissen, wo die Kinder sind.
Die Werbung hatte zumindest auch diesen Erfolg, dass heute fast jedes Kind ein Handy hat. Und gebrauchen die Kinder das Handy dafür, dass die Eltern stets Bescheid wissen?

Sogenannte Helikopter-Eltern sind … Ach, was! Ich muss jetzt nichts dazu schreiben.

"Ich möchte wissen, wie wir das als Kinder überlebt haben", lautet eine rhetorische Frage. Ich weiß es und Sie, lieber Leser, wissen es auch.

Was steckt dahinter? Wenn man den Menschen Angst einflößt, sind sie gern bereit, die Folgen der Angst wenigstens abzumildern. Absolute Angsthasen wollen am liebsten nicht einmal mehr auf die Straße gehen.

Noch etwas: Vorschriften sollen unser Leben regeln. Zu viele Vorschriften lassen die Menschen im Ungewissen, was überhaupt noch erlaubt ist. Also nimmt der gemeine Mensch "sicherheitshalber" alles als verboten an, von dem er sich nicht sicher ist, es sei erlaubt.
Immer wieder laut wiederholte Vorschriften nehmen Entscheidungen ab, das "Richtige" zu tun. Ist es vorgeschrieben, wird es schon richtig sein und "sicherheitshalber" bedeutet, dass die Menschen Angst haben, eine Entscheidung zu fällen.
Sie sind unmündig und glauben: „Wie schön, dass man mit einem Fahrradhelm fährt! Wie schön, dass man eine Maske trägt. Wie schön, dass ..."

Wie man jemanden fromm macht

"Halt' du sie mir dumm; ich halt' sie dir fromm", ist ein alter Satz, den ein geistlicher einem weltlichen Herrscher gesagt haben soll. "Soll"? Nun ja, vielleicht wurde der Satz nicht genau so gesagt, aber der Satz zeigt die grundsätzliche Vorgehensweise, wie Kirche und Staat seit langen Zeiten zusammenarbeiten.
Beiden Seiten nützt es. Dazu kommt, dass Dummheit und Frömmigkeit einander bedingen und sich gegenseitig verstärken.
Nach allen bisherigen Zeilen sollten wir "dumm" lieber mit dem Wort "blöd" ersetzen, denn "blöd" bedeutet "stumpfsinnig" und ein stumpfsinniger Mensch ist nicht unbedingt dumm, also nicht bildungs**un**fähig.

Was heißt "fromm"? Dazu zitiere ich aus Wikipedia, Stand 28.02.21: „Das althochdeutsche-gotische <*frum*> beinhaltet ein ethisches Verhaltensmoment [...] als der Ehrfurcht vor und dem Gehorsam gegenüber den Ordnungen des Lebens."

Nach meiner Überzeugung ist diese alte Bedeutung der Schlüssel zu allem, passt diese Bedeutung doch hervorragend zum erst genannten Satz ("Halt' du sie mir ...") und dazu, dass der Pastor Ungerechtigkeiten (z.B. Ausbeutung, Misshandlung Untergebener) als "von Gott gegeben" und somit als unverrückbar erklärte.

Joseph Goebbels, der Propagandaminister des Dritten Reiches, soll gesagt haben: "Eine Lüge, die oft genug erzählt wird, wird irgendwann zur Wahrheit."
Heute Morgen hörte ich im Bad nebenbei "NDR-info". Das tue ich immer; man muss auch wissen, was die andere Seite vorhat.

Als ich unter der Dusche stand und darum den Sender nicht wechseln konnte, lief das Kirchen-Programm an und nach einigen Sätzen fiel mir Goebbels' Satz dazu ein. Warum?
Der Geistliche sprach alle Sätze mit einer derartigen Selbstverständlichkeit aus, dass er keinen Zweifel an der Richtigkeit seiner Worte ließ.
Ebenso "selbstverständlich" werden die Menschen von den Medien immer und immer wieder mit erlogenen Thesen bombardiert. Darauf muss ich jetzt nicht eingehen.
An mir prallen solche Sätze zwar ab, denn ich glaube nicht, ich weiß lieber, aber wie mag es den Glaubenden, den Verblödeten, ergehen. Dass diese den Lügen irgendwann blind glauben, erscheint mir logisch und dafür habe ich mittlerweile sogar Verständnis.

Fassen wir zusammen: Wenn man Menschen verblödet, werden sie immer denkfauler. Denken heißt Wissen zu kombinieren und wenn man das nicht kann, ist man den Verkündern der Lügen ausgeliefert.
Sollte man zweifeln und sein "Seelenheil" in der Religion suchen, wird man von dieser Seite auch noch bestärkt, dass das alles so sein müsse. Als Ausweg (Erlösung) wird versprochen, an den Erlöser und seine Kraft, alles zum Guten zu wenden, zu glauben. Notfalls wird man auf ein besseres Leben nach dem Tod vertröstet - natürlich muss man auch daran glauben.
Derart auf die Allmacht des Glaubens fixiert, also fromm, ist man den weltlichen Lügnern umso schlimmer ausgeliefert - was für ein Teufelskreis!

Nebenbei: Im Umgekehrten habe ich das auch sehr oft erlebt. Als die Corona-Krise begann und ich die Menschen mit dem Wiedergeben der Ansichten normal denkender Ärzte beruhigen wollte, erhielt ich sehr viele Anrufe mit dem Tenor "Bloß gut, dass es noch andere normal denkende Menschen gibt! Ich dachte schon, ich wäre der Einzige auf der Welt."

Ein Anrufer wohnte auf einer Insel und war verzweifelt, denn er wurde von allen Inselbewohnern gemieden, weil er den Corona-Lügen nicht glaubte. Er jammerte nicht darüber, aber wie dramatisch musste es für ihn sein, noch dazu auf einer Insel.
Allen Anrufenden war gemein, dass sie sehr froh waren, sich in ihrer Auffassung wenigstens von mir bestätigt zu finden.

Genauso lernte ich Menschen kennen, die für sich einen anderen Weg für richtig erkannten, wenn sie zweifelten. Diese Leute informierten sich, lernten dazu, eigneten sich weiteres Wissen an, aufgrund dessen sie dann entschieden und weiterhin handelten. Solche Menschen sind immer in der Minderzahl - leider.

Noch etwas und auch darin liegen Gefahren: Menschen hören gern dem zu, der das Gleiche wie sie denkt. Dementsprechend lesen sie solche Zeilen gern, in denen sie ihre Auffassung bestätigt finden. Das bedeutet nicht, dass sich die Menschen von ihrem "Propheten" zum Handeln bewegen lassen. Zum Handeln braucht es mehr Voraussetzungen. Die Menschen lassen aber allzu gern zu, sich in ihrem Denken beeinflussen zu lassen.

Worin die Gefahren bestehen? Einerseits wird man als "Prophet" / "Guru" von seinen Anhängern verehrt und könnte darum sich selbst gegenüber unkritisch werden. Damit schadet man sich nur selbst.
Andererseits bringt die Verehrung eine Art Machtgefühl mit sich. Ich kenne das von meiner Zeit auf der Bühne. Wenn wir gängige Hits spielten, waren die Leute euphorisch und man konnte sie mit einfachen Kommandos auf den Tischen tanzen lassen. Das war unschädlich und damit harmlos.

Nehmen wir aber die Medien. Bestimmte Leute lesen gern die Zeitung X, andere die Zeitung Y.

Die X-Anhänger finden ihre X-Auffassungen des Lebens viel besser durch ihre X-Zeitung ausgedrückt und bei den Ypsilons ist es auch so.
Also lassen die Xe sich weniger von der Y-Zeitung bezüglich ihres Denkens beeinflussen, wohl aber von ihrer X-Zeitung.
Vielleicht denken die Ypsilons abfällig über die Xe und die Xe hassen die Ypsilons sogar - bis dahin bliebe die Gefahr noch im vernünftigen Rahmen. Es herrscht ja Meinungsfreiheit.

Denken wir uns das Gleiche, nur auf Parteien bezogen! Jeder schwört auf "seine" Partei, weil deren Führer das sagen, was man gern hört und seine Meinung bestätigt sieht. Wenn die Parteiführer ehrlich wären, bestünde geringe Gefahr.

Wenn jetzt aber alle Medien und Parteien den Befehl bekommen, ihren Anhängern **nur eine einzige**, noch dazu "meinungsübergreifende" Lüge geschickt zu präsentieren, was dann?
Wenn man als X ausnahmsweise in die Y-Zeitung schaut und die gleiche Lüge sieht, von der man aber annimmt, es sei eine Tatsache, was wird X denken? Es kann sein, dass X dann zu sich sagt: "Donnerwetter! Wenn die das auch sagen, muss es ja stimmen."
Wissen Sie, lieber Leser, welche Gefahren in der gewollten Unbildung und ihren Begleiterscheinungen lauern? Natürlich wissen Sie es.

Klatsch, Tratsch und Reden um des Redens Willen

Menschen tauschen sich allzu gern aus - aus mehreren Gründen. Etwas hart und kurz gesagt, reden die, die um des Redens Willen reden, nur, um beachtet zu werden. Schopenhauer sagte sinngemäß, dass die, die ständig mit einem Gegenstand herumklappern, sobald sie nichts zu tun haben, sich ihrer selbst damit bewusst werden wollen. Ich erweitere das auf "beachtet werden wollen" und das gilt besonders für die Viel-Redner.
Schopenhauer sinngemäß auch: „Nur die anderen gewinnen meine Hochachtung."
Mir geht es ebenso, obwohl ich mich nie mit Schopenhauer vergleichen würde, denn dafür war der Mann zu genial.

Klatsch dient den Menschen dazu, sich auszutauschen und ich sehe den Sinn des Klatsches darin, dass sich die Menschen über den mehr oder wenigeren "Nutzen Anderer" austauschen.
Weiter oben sprach ich bereits vom "Nichtsnutz". Sie suchen beim Klatschen unbewusst nach ihrer eigenen Stellung, nach ihrem Nutzen, in der Gesellschaft.
Wenn bei diesem Austausch aber Unwahrheiten eingeflochten werden, wird aus dem Klatsch der Tratsch.
Tratsch ist also gefährlich für den, über welchen getratscht wird und im Tratsch kommt meistens Neid und Schadenfreude zutage.
Journalisten tragen ihren Teil dazu bei, Klatsch und Tratsch zu befeuern.

Wahre Freunde und der Neid

Nochmals zu Schopenhauer und ich übersetze seine Sätze über wahre Freunde lieber in verständlicheren Ausdruck:

Wenn Sie einem vermeintlichen Freund etwas Negatives über sich selbst erzählen, sollten Sie sehr gut aufpassen und den Gesprächspartner beobachten. Ist er **kein** wahrer Freund, werden Sie entweder "gefasste Ruhe" oder gar ein leises und zufriedenes Lächeln beobachten, wenn Sie ihm von Ihrem eigenen Missgeschick berichten.
Ein wahrer Freund wird Ihnen, als wäre er selbst betroffen, sofort tatkräftige Hilfe anbieten und dann auch wirklich helfen.

Aus eigenem Erleben: Wir waren glücklicherweise einen Mietnomaden losgeworden, der die Wohnung wie einen Saustall hinterlassen hatte. Als wir das einer Freundin erzählten, kam diese am folgenden Wochenende mit ihrer Familie und weiteren guten Menschen zur Wohnung. Sie brachten einen riesigen Anhänger mit und gemeinsam war alles bis zum Abend eines einzigen Samstages geräumt und gereinigt - kostenlos für uns. Das sind wahrlich gute Menschen und wir betrachteten sie fürderhin als Freunde.
In vielen anderen Fällen erlebten meine Frau und ich noch mehr solcher Hilfsangebote, die wir dankend ablehnen konnten.

Aber seitdem ich genau darauf achtete, bemerkte ich auch diesen besagten Ausdruck leiser Schadenfreude oder gefasster Ruhe in anderen Gesichtern. Beim Erzählen eigener Glücksfälle sieht man sogar Neid. Mit all solchen Leuten haben wir nichts mehr zu tun - wozu auch?!

Noch ein negatives Beispiel: Wir hatten vor 30 Jahren Freunde, denen wir viel eher die Freundschaft hätten kündigen sollen, allein, ich wusste damals noch nichts von diesen, kaum wahrnehmbaren, Hinweisen auf Schadenfreude und Neid. Nennen wir die Typen "Bolling".

Damals standen wir im Begriff, ein Haus zu kaufen und baten die Bollings um Rat, ob wir kaufen sollten oder nicht. Nach kurzer, gemeinsamer Besichtigung rieten sie uns weder zu noch ab. Wir kauften das Haus dann doch und sind heute noch mit unserer Kaufentscheidung zufrieden.
In der Folgezeit waren wir weiterhin mit den Bollings bei Feiern zusammen und einmal rutschte Frau Bolling das heraus, was sie wirklich von uns dachte: "Nun guckt euch die Köhlers an! Kommen vor ein paar Jahren aus dem Osten und kaufen schon Häuser. Wie machen die das?!"

Einige Zeit später erzählte uns ein guter Bekannter, der auch schon damals Häuser "wie Brötchen" kaufte, dass Herr Bolling ihn über die Straße hinweg rief, stehenzubleiben. Dann gab er ihm einen Tipp: "Ein super Haus wäre das für dich. Köhler will das Haus kaufen. Es ist sehr günstig zu kriegen, aber ob Köhler das Geld dafür hat, ..."

Nochmals zu den "Ausnahmen"

Jüngst wies mich ein Kommentator unter dem Youtube-Video zum Vorwort des Buches auf eine besondere Art der Ausnahmen hin. Ich zitiere aus seinem Beitrag, kürze ihn und füge Ordnungsziffern in runden Klammern hinzu:

(1) "Ich möchte auf etwas hinweisen, was Sie als Lehrer möglicherweise für völlig absurd halten. Meine Schwester hat ein 1,0 Abi und war explizit im Bereich Naturwissenschaften und Mathematik wirklich ausgezeichnet. Das lag daran, daß sie kein Problem damit hatte alles auswendig zu lernen, was sie auswendig lernen sollte. [...] Im Fazit funktioniert meine Schwester bis heute ohne auch nur das geringste zu hinterfragen. Ich halte sie für vollkommen hirnentkernt, um ganz offen zu sein. [...]
(2) denn sie hat ihre Intelligenz und Bildung ja amtlich mit Auszeichnung.
(3) Und diese Prägung ist es, die Menschen in dieser Welt hält, nicht der Unwille zur Bildung, sondern der feste Glaube an die eigene Bildung."

Wie bereits erwähnt, gehe ich nicht in jedem Abschnitt auf Ausnahmen ein, aber hier lohnt es durchaus.
Zu (1). Ich kenne bisher nur einen ähnlichen Fall und hatte allein in meinem Lehrer- und Schüler-Dasein rund 5.000 Schüler und Studenten kennengelernt. Das lag daran, dass ich viele Klassen an vielen Lehranstalten unterrichtete und als Schüler in vielen Schulen war.
In einem Gymnasium besuchte ich die 9. und 10. Klasse zusammen mit Norbert H., einem ganz besonderen Menschen. Norbert war ein gutmütiger Kerl, war etwas älter als wir, weil er später eingeschult worden war und erschien uns anfangs als Genie. Er wusste scheinbar alles.
Wenn man ihn nach den aktuellen Sonnen-Aufgangszeiten fragte, wusste er diese. Natürlich wusste er auch die Untergangszeiten und die des Mondes ebenso. Dazu kam noch viel mehr Wissen, was er stets abrufbereit aufsagen konnte.

Jedoch war Norbert kaum in der Lage, dieses Wissen zu kombinieren und verhielt sich auch sonst etwas sonderbar. Er brauchte (auch in seinem Gesicht erkennbar) oft sehr lange, etwas zu durchdenken, also sein Wissen auf neue Situationen anzuwenden.
Wir dachten alsbald von ihm, dass er "nicht richtig tickte" und manche Lehrer reagierten regelrecht böse auf Norberts Wissen, wenn sie seine Unsicherheit beim Denken bemerkten und wiesen den armen Kerl darauf hin, dass er am Gymnasium eigentlich nichts zu suchen hatte.
Nach 22 Jahren trafen wir Norbert bei einem Klassentreffen, aber bis auf das Austauschen einiger höflicher Worte sprach kaum jemand mit ihm. Ja, schlimm.

Zu (2). Norbert hatte auch sein Abitur geschafft, wobei ich den Durchschnitt nicht kenne, denn nach der 10. Klasse wurde mein Stiefvater dienstlich versetzt und ich landete an einem anderen Gymnasium. Beim Klassentreffen fragte ich Norbert auch nicht danach.
Ja, auch Norbert ist gebildet und hat es per Abi-Zeugnis schriftlich, gebildet zu sein. Ach ja, wir fragten uns alle gegenseitig nach dem ausgeübten Beruf. Norbert war Kranführer, wenn ich mich recht erinnere.

Zu (3). Ich stimme nicht ganz zu, denn ich weiß, dass alle Menschen von sich aus lernen wollen. Man hat sie aber abgestumpft, also verblödet.
Jedoch **glaubt** jeder Mensch für sich, dass er ausreichend gebildet ist. Insofern stimme ich dem Kommentator zu.

Keiner kann über sich sehen

Jeder glaubt von sich, ausreichend gebildet zu sein und verwechselt dazu oft Bildung mit Intelligenz. Schopenhauer sagte es, wie ich es in der Überschrift niederschrieb: "Keiner kann über sich sehn."
Den genialen Denker möchte ich nicht weiter zitieren, sondern ich fasse seine Sätze zum Thema etwas zeitgemäßer so zusammen:
Jeder hat seinen (begrenzten!) Geistes-Horizont. Er sieht in anderen nur seine eigenen Fähigkeiten, nicht mehr. Schlimmer noch! Er erkennt bei den Anderen maximal seine eigenen Schwächen und Charakterfehler.
Das ist umso gruseliger, je verblödeter Menschen sind und das Sprichwort "Was ich selber denk' und tu', trau ich jedem andern zu" wird damit leicht erklärlich.

Dazu aus meinem eigenen Erleben. Der bereits erwähnte, ärmliche Direktor, dieser Metzger, versuchte doch tatsächlich etwas in dieser Art.
Fast jeden Nachmittag war ich in der Schule. Warum, erzähle ich weiter unten. Und an solchen Nachmittagen kamen immer wieder Schüler mit Fragen zu allerlei Schulstoff, die ich natürlich gern beantwortete.
Immer bot ich im Unterricht an, schwierigen Stoff nachmittags gemeinsam zu wiederholen und oft nutzten das meine Schüler und Schüler anderer Klassen kamen dazu.
Metzger warf mir doch tatsächlich in einem Gespräch vor, ich würde mich nie um die Kinder kümmern und mich sogar allen Fragen der Schüler verweigern.
An diesem Tage war ich nicht baff, sondern forderte ihn auf, mitzukommen. Er sollte mit mir in einen Übungsraum gehen, wo sich zu der Zeit Schüler aufhielten, damit er selbst sie fragen konnte. Natürlich war Metzger zu feige.

Noch zu einer anderen Betrachtung des begrenzten Horizonts. Ein Ungebildeter wird jedem anderen Menschen bestenfalls seine eigene, beschränkte Handlungsfähigkeit zubilligen.

Ja, der geistig arme Mensch kann auch etwas denken. Ihm fehlt aber die Bildung und so denkt er eben begrenzt.
Zur Erinnerung: Denken bedeutet, Wissen mit neuen Situationen zu kombinieren, um eigene Handlungen daraus abzuleiten.
Wenn der Ungebildete bspw. einen Vorschlag von einem gut Meinenden erhält, den der Blöde nicht in seiner Gänze erfassen kann, was wird er tun? Er wird versuchen, bekannte **Elemente** dieses Vorschlags zu finden. Wenn er diese Elemente aus ihrem Zusammenhang reißt, ergeben sie etwas Ungewolltes, etwas, was der Vorschlagende nie beabsichtigte.

Das Ergebnis dieser idiotischen Kombination, also das Ergebnis dieses beschränkten Denkens, ist eine für den Blöden durchaus bedrohlich erscheinende Folge und er lehnt den Vorschlag ab.
Der gutmeinende Mensch wird erstaunt, enttäuscht, traurig oder sonst etwas sein, wenn er nicht um diesen Zusammenhang weiß.

Ein Beispiel aus der Rhetorik. Zuerst sage ich einen Satz, der ungünstig geordnet und mit viel widersprüchlichem Beiwerk überfüllt ist, dann ordne ich ihn besser.

1. Ich fahre einen Mercedes, weil der formschön, modern, wertstabil und zuverlässig ist und überall auf der Welt fahren Mercedes-Taxen.
2. Ich brauche ein zuverlässiges Auto, welches wertstabil ist. Weil das auf Mercedes nach allen Erfahrungen von Taxi-Fahrern zutrifft, fahre ich den.

Im ersten Satz habe ich das sogenannte Beweisziel, also das, was **ich** sagen will, an die erste Stelle gesetzt. Was **ich** sagen will, ist für Andere nicht wichtig und "Mercedes" kann für andere Menschen ein Reizwort sein, mit dem sie "Opa mit Hut", "altbacken" oder andere Gedanken verbinden.
Darum lehnen sie den Mercedes sofort ab und hören die Argumente (Beweismaterial) nicht. "Formschön" reizt zusätzlich, ist es doch eine Geschmacksfrage, was jemand als schön empfindet.

Im zweiten Satz habe ich nicht so zum Widerspruch reizendes Beweismaterial **vorangestellt** und "formschön" lieber weggelassen. Mein Gegenüber hat vielleicht die gleiche Auffassung dazu und pflichtet mir bei.
Mit der sogenannten Conclusio ("Weil das ... zutrifft") verbinde ich das unbestrittene Beweismaterial mit meinem Beweisziel ("fahre ich den").
Als Verstärkung habe ich "alle Erfahrungen von Taxi-Fahrern" eingebaut und die Mehrzahl der Taxen in Deutschland sind Mercedes.
Der zweite Satz lässt unseren Gesprächspartner eher zustimmen, denn seine Aufmerksamkeit wird nicht durch Reizworte gestört, welche ihn falsche Schlüsse ziehen lassen.

Jetzt sagen wir einem Verblödeten etwas, das er ablehnen wird und danach versuchen wir es geschickter.

1. Corona gibt es nicht; die Ärzte für Aufklärung sagen das auch. Die angeblichen Corona-Toten wären eh bald gestorben, weil sie schon so alt waren. Corona ist nur der neue Name für Grippe. Ich habe darum keine Angst usw. usf.
2. Grippe ist lebensgefährlich. Bei Grippe-Epidemien waren die Krankenhäuser immer überlastet; die Kranken lagen nur so herum. Jetzt haben wir Corona. Die Krankenkassen melden aber keine höheren Krankheitsfälle. Warum?

Haben Sie den Unterschied erkannt? Das war die rhetorische Art, noch dazu auf das derzeitige Reizthema bezogen und jetzt noch ein unverfängliches Beispiel, auf reiner Alltags-Logik basierend.

Achten Sie auf den Satz der Verkäuferin im nächsten Absatz! Der Satz ist umständlich. Vor allem Menschen mit schlechtem Kurzzeitgedächtnis merken sich immer nur die letzten drei Worte längerer, vor allem gesprochener Sätze.
Bei geschriebenen Sätzen trifft es zwar auch zu, aber man kann ja immer "**nach**lesen", also **nach** dem ersten Mal immer wieder lesen.
Böswillige Menschen nutzen das Wissen darum gern aus und gestalten ihre Sätze gern komplizierter als nötig.

Das Böse erhält Gegenwehr

Ein gebildeter Mensch ist **nicht** automatisch ein guter Mensch. Ein Gebildeter hat mehr Erfahrung als sein Gegenteil.
Ist der Gebildete darauf aus, andere Menschen zu übervorteilen, wird er erfolgreicher sein, je mehr Erfahrung er im Betrügen hat. Umgekehrt gesehen, wird ein Blöder sich leichter betrügen lassen - logisch, oder!?

Ein Beispiel vom Flohmarkt; den folgenden Dialog hörte meine Frau und wir lachen heute noch, wenn sie ihn in gemütlicher Runde wiedergibt.
Kundin zu einer Flohmarkt-Händlerin: " Wie viel kostet das blaue Shirt?"
Händlerin: "Das blaue, aber auch das rote und das gelbe kosten drei Euro pro Stück, aber wenn Sie alle drei kaufen, dann sind es insgesamt nur 10 Euro."
Kundin: "Dann nehme ich die drei."
Sie bezahlte, nahm die Shirts und ging von Zweifeln **unbeschwert** davon.

Nun weiß man nicht, ob die Händlerin die Kundin böswillig betrügen wollte oder sich selbst nur versprochen hatte. Betrogen wurde die Kundin schon. Meine Frau fügt dann immer noch sinngemäß hinzu: "Ich wollte die Kundin eigentlich darauf hinweisen, dachte mir aber dann, dass sie selbst schuld, weil zu blöd ist."

Und wieder höre ich im geistigen Ohr so einen oder ähnlichen Satz: "Es kann nicht jeder so gut rechnen."
Das Wort "kann" ist richtig, weil es die heutige, katastrophale Bildungssituation bezeichnet. Früher **konnte jeder** so gut rechnen!

Wie auch immer! Solide Bildung schützt vor Betrug, also vor dem Bösen.

Ventile für Unterdrückung

Die Empörung über gesellschaftliche Zustände, ganz allgemein, sucht immer eine Möglichkeit, sich zu äußern. Schon früher wurden Parolen an Hauswände geschmiert, heute heißt es "graffiti", es wurden Flugblätter geworfen, heute werden Aufkleber an Laternenmasten, Verkehrsschilder und andere Gegenstände geklebt - aber immer anonym.

Witze werden besonders in schweren Zeiten der Diktatur erfunden und erzählt, früher hinter vorgehaltener Hand und heute so verbreitet, dass man den Urheber nicht erkennt.
Unter Youtube-Videos, mittlerweile auch unter Telegram-Beiträgen und an allen Orten, wo das den (zu 99% anonymen!!) Schreibern angebracht erscheint, wird per Kommentarfunktion geschimpft, was das Zeug hält, wenn der Kanalbetreiber nichts dagegen tut.

Wieder aus eigenem Erleben: Zu Zeiten meiner Corona-Videos kamen pro Tag rund 2.500 Kommentare herein und selbst unter den rein fachlichen Mathe- und Physik-Videos schmierten schlechte Menschen solche Beiträge á la "Wie viel Liter Zyklon B braucht man, um 50 Juden zu vergasen?"

Derartige Beiträge dienten nur dazu, meinen Kanal zur Löschung anzeigen zu können, denn Youtube unterstellt Kanalbetreibern, dass sie für Kommentare verantwortlich sind.
Ließ man derartiges Geschreibsel stehen, bedeutet das, dass man es gut heißt und der Kanal konnte gelöscht werden. Weil ich über 1.300 Mathe- und Physik-Videos im Kanal habe, die vorwiegend von Studenten genutzt werden, wollte ich die Kanal-Löschung nicht riskieren.
Freiwillige Helfer hielten meinen Kanal mit mir zusammen sauber, jedoch war es kaum zu schaffen. Nach einem halben Jahr stellte ich die Kommentarfunktion mit Ankündigung ab und stellte stattdessen "Kommentar-Videos" zur Verfügung unter denen die Leute ihren Senf loswerden konnten.
Ein "Aufschrei" war unter anderen, noch kommentierbaren Videos zu lesen!
Einige ermahnten mich, Meinungsfreiheit zuzulassen aber andere schrieben rundheraus, sinngemäß: "Ich schau' mir die Videos gar nicht an. Ich stoppe sofort und kommentiere." Und ich ergänze: "anonym natürlich".

Am Handeln erkennt man sie

Und wieder ein Beispiel. In meinen Corona-Videos rief ich wahre Männer dazu auf, dass wir bei der Demo in Berlin eine Schutztruppe für die Redner-Bühne und die Wehrlosen aufstellten. Es ging mir darum, dass wir die Polizei daran hindern wollten, sich besonders einzelne Frauen aus der Menge zu picken, um diese brutal zu verhaften. Wir wollten einfach dazwischen gehen, bevor es zur Verhaftung kommen konnte.

Sobald ein Trupp Polizisten in eine bestimmte Richtung loslief, wollten wir eine Menschenmauer bilden und gewaltlos die Polizei anhalten. In der Zwischenzeit sollte das vorgesehene Opfer schnell in der Masse untertauchen.

Die Idee wurde allgemein begrüßt ich erhielt ca. 400 e-Mails von Bereitwilligen und war frohen Mutes.

Am 29.08.20 kamen jedoch am Treffpunkt ganze 5 Mann zusammen; später stießen noch zwei zu uns. Diese sieben Männer, **das** sind wahre Männer!

Zum Glück konnten wir in der Nähe der Bühne an der "Gold-Else" relativ schnell 120 weitere Helfer zusammenbringen, denn wir schwärmten aus und sprachen mit den stabil erscheinenden und wirklich männlichen Demonstranten.

Bezeichnend war, dass die, die sich nur ein gefährliches Aussehen gegeben hatten (riesiger Bart, Tattoos, coole Sonnenbrille usw.), nicht gern bzw. gar nicht mithelfen wollten ... Nun ja.

Wenn ich nun an die 400 Lippenbekenntnisse per Mail denke und im Verhältnis dazu 7 wahre Männer nehme, entspricht das knapp zwei Prozent - ich hätte es wissen müssen, aber dann hätte ich vielleicht gar nicht mit der Aktion begonnen.

Na gut! Wer weiß, wie alles gekommen wäre, denn am 29.08. patrouillierten immer wieder einige Polizisten in unserem Gebiet und sonst niemand. Die schlimmen Polizei-Einsätze fanden woanders bzw. später statt.

Warum erwähne ich, dass scheinbar wegen unserer Anwesenheit nichts Schlimmes passierte? "Aus Angeberei", werden meine Feinde sagen. Das erwarte ich sogar in späteren Rezensionen.
Nein! Das zeigt, dass eine entschlossene Menschengruppe viel erreichen kann!

Kommen wir zu den Viel-Rednern. Die Überschrift dieses Abschnitts bedeutet auch, dass man "sie" am **Nicht**-Handeln, aber auch daran erkennt, dass das Reden nicht zum nachfolgenden Handeln passt.

"Niemand hat die Absicht, eine Mauer zu errichten." So oder ähnlich sprach es damals ein DDR-Politiker, Walter Ulbricht, aus. Und?
Mittlerweile muss man bei den heutigen Politikern genauer hinhören, um überhaupt herauszufinden, was die uns sagen. Wirklich? Nein! Es lohnt nicht, denn sie erzählen heute dies, morgen das - je nach Situation.
Politiker von heute haben kein Format, also keine erkennbare Form, man kann sie nicht einordnen. Bspw. erfand die FDP im Sommer des Jahres 2020 das Folgende.

Man muss sich das auf der Zunge zergehen lassen: Zuerst reichte die FDP fast unbemerkt, weil still und leise, ein Gesetz ein, das "Covid-19- Rechtsverordnungsweitergeltungsgesetz" (**https://dipbt.bundestag.de/doc/btd/19/200/1920042.pdf**).
Kurz danach stellte sie einen Antrag, der ungültig war und darum abgelehnt werden **musste**
(**https://dipbt.bundestag.de/doc/btd/19/200/1920046.pdf**).

Diesen Antrag schlachtete sie medienwirksam aus, denn die FDP "forderte", sofort die epidemische Lage zu beenden.

Ich will Sie nicht mit weiteren Beispielen langweilen - es lohnt nicht, aber ich zitiere nun doch wieder, und zwar aus dem Buch "Er ist wieder da" (Timur Vermes) den Hitler: „Es trieb mir im Angesicht der Sozialdemokratie die Tränen in die Augen, wenn ich etwa an einen Otto Wels dachte, einen Paul Löbe. Gewiss, das waren vaterlandslose Gesellen, Lumpen, gar keine Frage, aber doch Lumpen von einem gewissen Format."

Dieses Buch ist sehr gesellschaftskritisch und lohnt sich, zu lesen. Auch das Hörbuch ist sehr gut und wenn man viel unterwegs ist, eine gute Alternative.
Tier-Fabeln erzählte man sich, um den Herrschenden den Spiegel vorzuhalten, ohne dafür direkt belangt werden zu können und Timur Vermes macht es den Fabel-Erzählern nach; er lässt ausgerechnet Hitler im Heute aufwachen und die Welt verwundert kommentieren - brilliant.

Die weitere Gruppe der "Lumpen ohne Format" werde ich noch näher beleuchten; es sind die NGOs, "Rechte-für-dies-und-das-Forderer" und andere zwielichtige Gestalten, welche laut Wasser predigen und im Stillen Schnaps saufen.

Schlusswort zum Teil 1

So oder so. Sie können jetzt sagen: "Ach, das ist zwar alles durchaus möglich, aber zu sehr an den Haaren herbeigezogen." Oder: "Es passt nicht zu dem, was ich erlebe. Ein Akademiker, den ich kenne, soll verblödet sein, weil er mit Maske herumläuft?"

Ich weiß nicht, was Sie nun sagen, aber ich werde ihnen im Folgenden an den vielen Erscheinungen des Alltags weitere Beispiele für alles bisher Geschriebene zeigen.
Der weitere Nutzen liegt darin, dass Sie die Schwindler, Blender, Betrüger und all die anderen schlechten Menschen einfacher erkennen und sich so besser schützen können.

Kommen wir also zu den Erscheinungen.

2. Daran erkennt man sie

Bärte, Glatzen, andere Frisuren, Brillen

Mein Großvater sagte einmal: "Männer, die Bärte tragen, haben ein Minderwertigkeitsgefühl."
In den 1970ern waren Schlaghosen und andere Kleidungsstücke in Mode gekommen, aber auch bei den Jungs die langen Haare.
Ich erinnere mich gut an unsere Schatten, als wir Bengels abends um die Häuser zogen. Meine Kumpels hatten lange Haare, nur ich nicht. Ich fand damals ihre Schatten so gutaussehend, nur den meinen nicht. Die Schatten warfen die Straßenlaternen uns voraus und ich musste immer wieder hinsehen.
Meine Kumpels ließen mich den Unterschied nie spüren, aber ich kam mir wegen meiner Frisur minderwertig ihnen gegenüber vor. Nach langem Bitten gewährten mir meine Eltern, die Haare auch länger zu tragen. Endlich!
In dieser Zeit las ich einen Krimi und der Hauptheld wurde von der Hauptheldin so beschrieben, dass er es nicht nötig hatte, lange Haare zu tragen, noch dazu bei seiner sportlichen Figur.
Das war für mich ein Schlüssel, meine Haare wieder kurz zu tragen, mehr noch! Mit einigen Flieger-Kameraden zusammen ließ ich mir eine 1-Millimeter-Frisur schneiden, jedoch nur ein Mal. So schön sah das dann doch nicht aus, befanden wir.

Als ich 26 Jahre alt war, arbeitete ich als Ingenieur in einem Betrieb, in dem, bis auf den Direktor, jeder Mann einen Schnurrbart trug und ich konnte nicht widerstehen, mir auch so eine Rotzbremse stehen zu lassen. In der ersten Zeit war ich zufrieden, dann gewöhnte ich mich daran und nach ein paar Monaten erinnerte ich mich an meinen Opa und an den oben erwähnten Krimi - ab damit.

Denken wir nun an die Araber, die ab 2015 vermehrt in unser Land kamen. Es waren vorwiegend junge Männer und die meisten von ihnen trugen einen Vollbart.
Wenn Sie es nicht glauben, lieber Leser, suchen Sie bei Google nach Bildern aus dieser Zeit und Sie erkennen, wie plötzlich deutsche, junge Männer ihre Liebe zum Vollbart entdeckten. Je wild aussehender der Vollbart, umso besser.
Eine Frage: Wollten die Deutschen wenigstens auch so aussehen, wie "knallharte, bedrohliche" Männer?
Und: Wie männlich sind unsere jungen Männer überhaupt noch?

Als die Frisuren in action-Filmen immer abenteuerlicher aussahen (kurz an den Seiten, Glatzen usw.) dauerte es nicht lange, bis die deutschen Männer sich auch so frisieren ließen. Erinnern Sie sich nur, mehr nicht!

Noch zu Zeiten meiner Jugend galt die Brille als ein Symbol für Weicheier. Mädchen wurden gar "Brillenschlange" genannt. Das war zwar alles nicht schön, aber aus biologischer Sicht richtig. Wer wollte sich mit einem Partner paaren, wenn dieser nicht richtig sehen konnte?!
Ein Mann konnte seine Familie in Urzeiten nur beschützen, wenn er Feinde auch klar sah und die Jagd erforderte ebenfalls ein gutes Auge.
Wenn Frauen den Dreck und das Ungeziefer im Essen oder auf den Mündern ihrer Kinder nicht sahen, drohten Krankheiten.

Das alles nur beispielhaft dafür, dass wir Menschen uns immer die geeignetsten Partner aussuchten.
Es sicherte den Fortbestand der Menschheit und ein "blinder Maulwurf" war darum nicht für die Paarung geeignet. Brillen trugen nur die Bücherwürmer, also meist die Gelehrten, die Klugen.
Heute ist eine Brille kein Problem mehr und nicht nur das, man setzt sogar gern Brillen mit einfachen Gläsern auf, obwohl man keine benötigt! Es soll klüger machen.

"Na jaaaa", höre ich schon, "heutzutage müssen wir auch nicht mehr im Wald jagen und die Umwelt ist so sauber und steril geworden ..."
Richtig, nur verschlechtern wir die Erbmasse als solches und wehe den Zeiten einer Katastrophe! Was passiert ohne Brille und Optiker, wenn das Binokel kaputt ist? Katastrophen gibt es nicht mehr? Wir erleben gerade den Anfang!
Zur Verschlechterung der Erbanlagen hatte ich vorher schon etwas geschrieben; denken Sie nur an Schönheits-Operationen.
Wenn Sie diese Gedanken nun ausdehnen auf die Vermischung menschlicher Rassen, ist das Ihre Sache, nicht die meine!

Gerechtigkeit

"Gerecht" bedeutet nur, dass man für das, was man leistet, das erhält, was die Leistung wert ist. Ich dehne es etwas aus und sage zu "was man leistet, also was man zum Fortbestand und zur guten Entwicklung der Menschheit leistet".

Hören Sie sich die Forderungen der Linken an! Nehmen wir "Gleicher Lohn für alle!"

Aus DDR-Zeiten kenne ich die typischen Szenen, in denen drei, vier Leute an einer Baustelle herumstanden, auf eine Schaufel gestützt waren und keiner arbeitete.
Die Schaufel dabei zu haben war nur das Symbol dafür, dass die Herumstehenden normalerweise arbeiteten.
Ich weiß es noch: Wenn alle arbeiteten und einer aufhörte, um zu rauchen, hörten die anderen auch auf, stellten sich dazu und schon war die beschriebene Szene perfekt. Das geschah aber nur bei den Gehaltsempfängern.
Im Steinbruch arbeitete ich dann als Leistungs-Löhner und bekam nur das ausgezahlt, was ich erarbeitete. Da nutzt man die Arbeitszeit, um Geld zu verdienen. Das Herumstehen wurde nicht bezahlt.
In meinem ersten Jahr meiner Steinbruchszeit war ich zum Erlernen der vielen handwerklichen Fähigkeiten Angestellter und erhielt rund 800 Mark netto monatlich, was wirklich ein guter Verdienst war.
Als Leistungs-Löhner hatte ich in manchen Monaten über 1.300 Mark und in einem Monat nur 400 Mark. In diesem Monat spielten wir als Band bis zu 15 Tage in der Woche und kamen immer spät nachts nach Hause. Ich war so müde, dass ich nur ganz langsam arbeitete. Na ja, ich hatte wegen der Musik genug Geld, aber am Zahltag schämte ich mich schon etwas vor dem Meister, der mich ermahnte, wieder fleißiger zu sein.
Nebenbei: Als Fluglehrer der NVA bekam ich monatlich über 1.700 Mark, was in der DDR ein Spitzen-Einkommen war.

Was man bei allem auch wissen sollte: In der DDR gab es ein jährliches Spitzen-Einkommen von rund 25.000 Mark. Dann schlug die Einkommenssteuer mit rund 97% (!!) zu. Wer also bspw. 26.000 Mark verdiente, führte von den 1.000 Mark, die er mehr verdiente, 970 Mark an den Staat, also an die Scharotzer, ab.

Nun dürfte jedem normal denkenden Menschen klar sein, dass sich im Sozialismus Fleiß nicht (nur 3%ig) auszahlte. Warum also offiziell mehr arbeiten?! Der schwarze Arbeitsmarkt florierte, fast jeder hatte Schwarzgeld zumindest dafür, sich das Eine oder Andere kaufen zu können, was es offiziell nicht gab.

Dass die DDR schon ungefähr 1960 (auch wegen solcher Missstände) pleite war, dürften nicht allzu viele Zeitgenossen wissen.
Dazu eine lustige Anekdote, erzählt von meinem Opa: "Als wir bei einer Mai-Parade mit dem 'Horch P240' an den wichtigen Genossen, die auf der Fest-Tribüne standen, vorbeifuhren, um den P240 als Errungenschaft der DDR-Ingenieure vorzustellen, mussten wir zu viert im Auto sitzen. Warum? Es gab zu der Zeit keine Türschlösser und wir hielten die Autotüren an den Griffen zu. Mit der anderen Hand winkten wir."

Als die DDR dann 1989 unterging, wurde das gesamte Ausmaß der Misswirtschaft sichtbar. "Gleicher Lohn für alle!" Das soll funktionieren? Das soll "gerecht" sein?!
Man muss schon sehr blöd sein, das als gerecht zu empfinden, sehr blöd. Aber das ist ja das Schlimme. Die, die solche Parolen ausrufen, nehmen sich einfach mehr vom gesellschaftlichen Reichtum, sie bedienen sich an unserem Geld per Steuern.

Es begann schon früh im Straßenverkehr

Warum haben die Menschen Straßen gebaut? Damit sie schneller vorwärtskamen, denn auf Feldwegen geht das nun mal nicht.

Warum gibt es sogenannte Bundesstraßen, früher "Schnellstraßen" oder in der DDR "Fernverkehrsstraßen" genannt? Aus gleichem Grunde.
Auch die Autobahnen dienen dem Vorwärtskommen, nur eben noch schneller und besser.

In den letzten zwanzig Jahren fiel nicht nur mir auf, dass der an sich fließende Verkehr immer mehr mittels Ampeln und anderen Hindernissen verlangsamt wurde. Dabei entdeckte ich vor allem Fußgänger-Ampeln, doch dazu gleich mehr.

Ampeln regeln den Straßenverkehr und in großen Städten hatte man früher Verkehrspolizisten stehen, die das taten; in alten Filme sieht man das ab und zu.
Diese Polizisten beobachteten den fließenden Verkehr genau und wogen ab, diesen Verkehrsfluss wegen eines einzigen, aus einer Nebenrichtung Kommenden, anzuhalten. Sie gaben der Hauptrichtung, so gut es immer ging, die Vorfahrt. Energetisch und der Abgase beim Anfahren wegen ist das auch sehr sinnvoll, denn die Bremsen "vernichten Vorwärts-Energie und machen Wärme daraus", sage ich ganz unphysikalisch.

Beobachten Sie heutzutage den fließenden Verkehr! Kommt ein Auto aus einer Nebenstraße, oder denkt sich irgendein Fußgänger, gerade die Straße überqueren zu wollen, wird der fließende Verkehr gestoppt - sofort.
Ach ja! "Jeder hat das gleiche Recht im Straßenverkehr", höre ich schon. Warum gab und gibt es dann **Neben**straßen? Kann der, der aus einer Nebenstraße kommt, nicht auf eine Lücke des Hauptstraßenverkehrs warten?
"Ja, aaaaber die Kinder! Die müssen doch sicher über die Straße kommen!", höre ich jetzt. Kann man die Kinder nicht richtig erziehen? Früher hatten wir Verkehrs-Erziehung, gleich in der ersten Klasse. Geht das heute nicht mehr?

"Doch, heute gibt es so etwas auch. Die vielen gelben Füßchen-Spuren zeugen doch davon. Und dann noch die vielen Mütter, die das freiwillig begleiten."
Aha! Die gelben Spuren führen an eine Fußgänger-Ampel und überhaupt sind Kinder heutzutage so (v)erzogen, fast immer ihren kleinen Willen zu bekommen, noch dazu sofort.
Kinder werden ja auch mit jedem Satz höflich gebeten und das Wort "Nein" gerät zusehends in Vergessenheit. Auch dazu bald mehr.

Wenn man den Begriff "Schilder-Mafia" heute bei Google eingibt, findet man kaum noch die entlarvenden Fernsehbeiträge des öffentlichen Rundfunks.
Ja, es gab sie, diese Mafia und wie ihre italienischen Vorbilder hatten die einzelnen Familien, äh, Firmen die Gebiete unter sich aufgeteilt. Behörden wurden bestochen und man schöpfte das Geld mit beiden Händen.
Am wichtigsten aber war, dass Schilder an allen nur möglichen Stellen aufgestellt wurden. Schauen Sie sich heute um, was für Blüten das Unwesen trieb und immer wieder treibt!
Soll ich jetzt die vielen, neu aufgestellten Ampeln auch einer Mafia zuordnen? Überflüssig.

Zu Ampeln fallen Ihnen, lieber Leser, sicher noch weitere hanebüchene Beispiele ein, wenn Sie das folgende gelesen haben werden.

Wenn man morgens in die Celler Innenstadt fuhr, gab es eine "grüne Welle". Für die, die das nicht mehr kennen: Fuhr man über eine grüne Ampel und hielt sich an die Richtgeschwindigkeit, konnte man sicher sein, dass die nächste Ampel auch auf Grün stand. Es wurde also keine Energie beim Bremsen verschwendet.

Plötzlich wurde gegenüber der zentrumsnahen Berufsschule eine Fußgänger-Ampel für die jungen Leute aufgestellt, die eben **nicht** mit der grünen Welle harmonierte.
Jeder Fußgänger, dem es einfiel, sofort die Straße zu überqueren, konnte den gesamten Verkehrsfluss stoppen. Es gab Staus über Ampeln hinweg und das Konzept der grünen Welle war zerstört.
Vorschläge, diese Ampel mit den anderen zu synchronisieren, wurden abgelehnt, weil die Schüler das "Recht" hätten, "nicht warten zu müssen", bis der Verkehr durch die Automatik unterbrochen wurde, die eh genug Grün-Phasen für den Nebenstraßen- Verkehr vorsah. Man musste, aus Nebenstraßen kommend, ein wenig Einsehen und Geduld aufbringen.

Ein anderes Beispiel aus Celle. Es wurden zeitliche Tempo-30-Zonen auf Bundesstraßen eingerichtet, damit die Menschen, die an diesen Straßen wohnten und eh nicht arbeiteten, sondern "von der Stütze" lebten, nicht durch den morgendlichen Berufsverkehr beim Schlafen gestört wurden.

Zum Thema "Tempolimit überall" sagte jemand treffend:
„Bald stellen die Blumenkästen auf Autobahnen."

Der Langsamste bestimmt das Tempo

Das derzeit sichtbarste Zeichen dafür, dass die Langsamen unser Leben immer mehr bremsen, ist im Bildungssektor die sogenannte "Inklusion".

"Aber das ist doch menschlich richtig, dass die 'Benachteiligten' auch eine Chance auf Bildung bekommen", höre ich jetzt bereits im geistigen Ohr und jeder Vernünftige antwortet darauf wie folgt.

Jeder, ja, jeder hat in Deutschland die **gleichen** Bildungs-**Chancen**; nur will nicht jeder diese Chancen nutzen. Extrem gesagt, will ein Trottel die Chancen einer gymnasialen Ausbildung nicht nutzen und ein vollkommen Bildungsunfähiger kann keinerlei Bildungs-Chancen nutzen.
Warum steckte man dann sogar die absoluten Idioten in normale Schulklassen? Warum lässt man die schlechtesten Abiturienten als Lehrer auf unsere Kinder los?
Ganz einfach: Um die Lernfähigen zu bremsen, also aus böser Absicht (gewollte Unbildung).
Klar, dass man das nie offen zugibt, sondern sich hinter gut klingenden Ausreden versteckt.
Erinnern Sie sich? Menschen haben immer zwei Gründe für ihr Tun, einen, der gut aussieht und einen wahren Grund.

Nun wieder eine Bitte. Übertragen Sie das eben genannte Beispiel auf andere Lebensbereiche!

Zeugnisse verklausulieren und Schul-Noten abschaffen

Eine Forderung der Ungebildeten war, Zeugnisse aller Art in Geheimsprache zu formulieren. Eine noch nicht erfüllte Forderung ist, die Schulnoten und das Sitzenbleiben ganz abzuschaffen.

Sehen Sie sich um! Wer kann heute noch richtig schreiben und fließend genug lesen, um den Inhalt eines Textes zu erfassen? Wenige, wenn ich mich nur in Internet-Foren oder in Kommentaren zu Videos umschaue.

Als wir jüngst eine Wohnung vermieteten, erhielt ich eine handgeschriebene Selbstauskunft und sagte der Mieterin auf den Kopf zu, dass sie früher in der DDR lebte. Sie war verblüfft und ich ergänzte, dass ich sofort an der Handschrift und Rechtschreibung erkannt hatte, dass sie das Schreiben wirklich gut, also in der DDR gelernt hatte.
"Wenn Sie wüssten, was ich für einen Schulabschluss habe", entgegnete die Mieterin. Ich tat das ab, denn die Fähigkeit des richtigen Schreibens (und Lesens) ist eine Grundvoraussetzung für den **eigenständigen** Bildungserwerb und viel wichtiger als der Abschluss selbst. Darüber schrieb ich bereits.

Was hat das mit den Zeugnissen zu tun? Menschen, die nur schlecht lesen, verstehen den Sinn der Sätze kaum und schon gar nicht den Sinn ganzer Absätze, denn sie haben Mühe, einzelne Worte aus der Schrift zu bilden.
Haben sie die Worte zusammengestoppelt, ist der Anfang des Satzes vergessen und somit der Sinn entfallen.

"Er war stets bemüht" heißt kurz "ungenügend", noch besser "5" und die scheinbar so schönen Worte sind dazu da, die Unbildung zu bemänteln, sie vor allem und jedem zu verstecken und das Selbstbildnis des Beurteilten zu verfälschen.
Das lässt den Fünfer-Typen im Glauben, er sei gut. Wie soll er dann erkennen, dass er ein Nichtsnutz ist?!

Jämmerliches Schreiben

Es fiel mir in den letzten Jahren besonders am Gymnasium auf, dass die meisten Jugendlichen nicht nur eine grausige Handschrift haben, sondern überhaupt nicht richtig schreiben und lesen können - kein Wunder bei den "modernen Lehrmethoden".

Ebenso ist das kein Wunder, weil die meisten jungen Leute nichts am Gymnasium zu suchen haben. Aber um die nicht vorhandenen Wunder geht es nicht.

Ich reite nun wieder auf dem Wort "früher" herum, weil die Bildung früher besser war. Sie können nun schimpfen und gar das Buch wegwerfen - na, und?! Nur zu!

Früher gab es Graphologen, die anhand der Handschriften auf den Charakter schlossen. Heute werden sie trotzdem gern befragt, wenn es um die Forensik geht.
Natürlich irrten diese Schriftdeuter oft; berühmtestes Beispiel waren die "Hitler-Tagebücher".
Ich musste oft meinen Lebenslauf mit der Hand schreiben und weiß, dass bis zum Ende des vorigen Jahrhunderts Handschriften auch ausgewertet wurden, wenn es um Bewerbungen ging.
Ich glaube, denn ich weiß es nicht, dass man weniger das Schriftbild, so doch mehr auf die Rechtschreibung achtete. Beim Schreiben mit der Hand hilft kein Rechtschreibprogramm und wenn man Fehler macht und diese korrigiert, ist es schwer, solche Fehler nicht erkennbar auszumerzen.

Wie auch immer, bezeichnend ist, dass ab dem Ende des 20. Jahrhunderts zunehmend solche graphologischen Auswertungen in die Kritik gerieten. Wer hat sich wohl am lautesten darüber beschwert? Die Gebildeten? Nein.

Lehrpläne ausdünnen

Ungefähr 1995 besah ich ein Lehrbuch für Mathematik der 10. Klasse in Niedersachsen. Ganz am Ende stand unter zehntens das Wort "Logarithmen" als Überschrift und darunter stand sinngemäß und verkürzt: "So 'was gibt es auch noch; es wird in höheren Klassen behandelt."
Ein paar Jahre später war das Wort "Logarithmen" gänzlich verschwunden.

Fragen Sie die Alten! Ich meine die schon oben erwähnten handwerklichen und technischen Arbeiter. Nun gut, nicht jeder wird absolut Bescheid wissen, aber bis jetzt bekam ich von allen Befragten Antworten, wie nützlich Logarithmen sind.

Gut, nehmen wir einfachere Varianten der Mathematik, z.B. die Bruchrechnung.
Als ich mal eben schnell in einer (mir bis dahin unbekannten) 11. Klasse vertretungsweise Mathe unterrichtete, sahen die Schüler plötzlich ganz betreten drein und ich fragte, was denn wäre.
"Mit den Brüchen haben wir's nicht so", kam endlich eine Antwort. Ich schimpfte nicht, denn die Schüler taten mir leid, sondern ich zeigte im Rest der Stunde, wie einfach Bruchrechnen ist und wir übten es auch - gut angelegte Zeit, ganz sicher.

Noch einfacher! Wie viel Dezimeter hat ein Meter? Fragen Sie das die heutigen Schüler (nicht meine!) und Sie werden traurig; das verspreche ich.
Warum ich meine Schüler ausnehme? Weil auch Bruchrechnung ganz einfach zu erklären und zu merken ist, wenn man es als Lehrer **selbst** verstanden hat.

Damit ich es jetzt nicht erklären muss, verweise ich auf den Suchbegriff "Maßeinheiten" oder "Bruchrechnung" in meinem Mathe- und Physik-Kanal. Eigenwerbung? Nö, ich habe nichts davon; es spart in diesem Moment nur Ihre und meine Zeit.

Noch schimmer, weil noch einfacher. Meine Frau hatte für die Klassenkasse 600 Euro gesammelt, und zwar in 2-Euro-Münzen. Der Zählautomat der Sparkasse hatte einige Male falsch gezählt und so ließ sie sich von einem Sparkassen-Mitarbeiter, einem wohlangezogenen, jungen "Banker", ein Tablett geben, schichtete säuberliche Stapel mit je 10 2-Euro-Stücken auf, brachte alles in Reih und Glied und bat den "Banker", das Geld so anzunehmen.
Es lagen 30 Stapel in 5 mal 6 Reihen übersichtlich auf dem Tablett. Der junge Mann sah etwas verwirrt drein, zählte alle Stapel einzeln, statt 5 mal 6 mal 20 zu rechnen und nahm den Taschenrechner ... Ein "Banker", wohlgemerkt!

Nun, ich habe nicht vor, das auf die verblödete Jugend abzuwälzen, auch nicht auf die heutigen, schlechtesten Abiturienten, also die Lehrer. Nein, diese Unbildung ist gewollt und hat System!

Abitur entwerten

Fast 60% eines jeden Schuljahrgangs haben in Deutschland das Abitur bekommen. So ähnlich tönt es stolz aus dem Munde derer, die sich damit brüsten wollen.
Ich drücke es anders aus und weiß es aus eigenem Erleben: Ein Zehntel dieser Abiturienten hat nur wirklich das Zeug dazu, ein richtiges Abitur anzustreben.
Aber das "richtige Abitur", die wahre Berechtigung zur Hochschule, gibt es schon lange nicht mehr.

Die alten, klugen Professoren sangen ganze "Klage-Arien" davon, wie wenig die Studenten zum Studium geeignet waren und immer weniger sind und werden. Nun ja, in den USA wurden Professoren entlassen, wenn sie so etwas laut sagten. Ich schrieb darüber bereits.
Ich verweise auf den Abschnitt, der die ausgedünnten Lehrpläne behandelt - das genügt vollauf. Nur eins noch: Es geht natürlich offiziell um "gerechte Bildungs-Chancen", denn das klingt gut.

Nein, noch etwas und ich zitiere einen Chefarzt eines Krankenhauses: "Was heute so als Arzt von den Unis kommt, … grausig. Da sage ich immer 'Jugend musiziert'".
Nun stellen Sie sich vor, Sie hätten einen Unfall und werden von solchen "Musizierenden" behandelt.
„Bleiben Sie gesund!", ist derzeit in Mode. Aber ich meine es wirklich so.

Im Sommer 2020 äußerte ein in Kurzarbeit befindlicher Bestatter die Vermutung: „Weniger Tote, vielleicht, weil nicht mehr so viele Leute in's Krankenhaus gehen - aus Angst."

Der Bologna-Prozess

Ein mir bekannter Professor beklagte vor rund 6 Jahren: "Ein heutiger Doktor-Titel ist bestenfalls mit dem damaligen Ingenieur, ein heutiger Ingenieurs-Abschluss mit dem damaligen Abitur und ein heutiges Abitur ist maximal mit einem Realschul-Abschluss vergleichbar, wenn überhaupt."

Das ist schon schlimm genug, aber der gleiche Professor und viele weitere mehr, die ich teils auch persönlich kenne, sagen auch, dass der Bologna-Prozess das höhere Bildungswesen zusätzlich schleift. Mit "schleift" meine ich das mutwillige Zerstören, das "Plattmachen".

Offiziell wird als Zweck für diesen Prozess das internationale Anpassen unterschiedlicher Niveaus der landesspezifischen Studienabschlüsse genannt. Wer's glaubt, ...

Ein Auswuchs dessen sind die sogenannten "Credit-Points", die den angeblichen "Arbeitsaufwand" beim Studium bestätigen sollen. Dieser "Aufwand" ist, wenn man es radikal betrachtet, nur der reine Zeitaufwand und ich nehme ein anschauliches Beispiel, das zu verdeutlichen, denn was nützt der zeitliche Aufwand, wenn man in dieser Zeit aufgrund gesunkenen Lernniveaus nichts lernte?
Zum Beispiel "Er war ein ewiger Student". So ein Dauerstudierender braucht viel mehr als die Regelstudienzeit für seinen Abschluss.
Arbeit pro Zeit ist gleich Leistung. Wem nützt also so ein Minderleister?!

Mehr als 20.000 Studiengänge heutzutage

Als ich vor Jahren mit einem relativ alten Meister einer internationalen Firma, die Erdöl-Bohranlagen baute, sprach, erzählte mir dieser Meister von seinen Erlebnissen in den USA: "Überall gibt es da ' specialists'. Das hört sich zwar gut an, aber diese Leute können fast nur eine Tätigkeit ausführen, eben eine sehr spezielle, mehr nicht. Über den Tellerrand können die nicht schauen."

Ähnlich haben sich in der letzten Zeit die Studiengänge entwickelt und damit ihre Anzahl.
"Jaaaa", höre ich schon wieder, "das Wissen der Menschheit ist ja sooo angewachsen; da kann man nicht mehr alles wissen und muss sich spezialisieren." Aha, das ist die offizielle Erklärung.

Leute, die nicht weiter schauen können, als ein Schwein kackt, stumpfen schneller ab, verblöden eher. So einfach ist die inoffizielle Erklärung.

Die Jugend kann noch nicht klug genug sein

Das Wort "klug" bedeutet nicht nur, mit Intelligenz und logischem Denkvermögen ausgestattet, sondern auch weise, lebenserfahren, gelehrt, gebildet zu sein.
"Jugend musiziert", sagte der Chefarzt, den ich weiter oben zitierte, über die heutigen jungen Ärzte.

Gehen wir davon einmal ab und betrachten uns die "Jugend von damals"! Auch früher schimpften die Alten über die Jungen, aber es gibt ein Lied mit dem Titel "Lass doch der Jugend ihren Lauf!"
Der Titel des Liedes ist schon zu einem geflügelten Wort geworden, welches bedeutet, dass man die Jungen ihre eigenen Erfahrungen machen lassen sollte, weil sie eh alles anders machen als die Alten es gern hätten.

"Aus Fehlern lernt man", ist ein weiteres, passendes Sprichwort. Soll doch die Jugend ihre Fehler machen! Ich machte auch viele Fehler, die ich heute nicht mehr machen würde.

Es geht mir aber um vermittelte Werte und daran mangelt es immer mehr seitdem die 68er-Generation ihre Kinder (v)erzog.
Natürlich kann man den Kindern kaum einen Vorwurf machen, wenn ihnen jahrtausendelang bewährte Werte nicht vermittelt wurden. Leider setzte das aber in den 1970ern eine Abwärtsspirale in Gang.

Offiziell hieß es, dass die überkommenen Werte der Nazi-Diktatur nicht weitergegeben werden sollten. Die Worte wie "Heimatliebe", "Vaterland", "Pflichtgefühl", "Fleiß", "Höflichkeit", "Leistungsbereitschaft" und viele andere wurden nach und nach aus dem deutschen Wortschatz getilgt oder zumindest als kapitalistisch / faschistisch gebrandmarkt. Warum wohl?! Das muss ich kaum fragen, wenn Sie mir bis hierher gefolgt sind.
Schlimm ist dabei auch, dass man etwas nur selbst be**werten** kann, wenn man Vergleiche ziehen kann. Vergleichen kann man Neues nur, wenn man von dem Alten, Bestehendem etwas weiß.
So kann ich es einer früheren Lehrerkollegin nicht einmal übel nehmen, dass sie mich eigentlich als "Nazi" bezeichnete. Sie fragte mich, warum ich noch abends in der Schule wäre, um einige Tests auszuwerten. Das eilte doch nicht.
Ich antwortete zwar wahrheitsgemäß, jedoch vorsichtig, dass ich in meinem Hotelzimmer nichts sinnvolleres zu tun hätte, aber das genügte ihr nicht.
Also ergänzte ich: "Die Kinder erwarten, dass ich die Tests morgen zurückgebe und auswerte - Pflichtgefühl eben."
"Nazi-Vokabular", war ihre Antwort. Noch Fragen?

Political correctness

"'Neger' darf man nicht sagen!" Solche und ähnliche Anweisungen hören wir in letzter Zeit vermehrt und das Verderben unserer Sprache nimmt immer schlimmere Formen an.

Dahinter steckt die "Gedankenpolizei". Ein Beispiel aus meinem Erleben.

Urplötzlich war ein Fliegerkamerad nicht mehr in unserer Staffel. War er krank oder gar tot? Die offizielle Antwort lautete: "Der Genosse ist nicht mehr bei uns." Mehr war offiziell nicht zu erfahren.
Es gab nicht viele Piloten in der DDR; wir waren streng ausgewählt worden. Von 105 Bewerbern kamen in meinem Jahrgang nur 2 durch alle Prüfungen. Das bedeutete auch, dass das Flieger-Völkchen aus allen Bezirken der DDR zusammengewürfelt war.
Unser vermisster Fliegerkamerad wohnte 400 Kilometer weit weg und es dauerte etwas, bis wir den wahren Grund erfuhren, weshalb er nicht mehr bei uns war: Er hatte öffentlich das Wort "Arbeitnehmer" gebraucht, ein Wort, welches es in der DDR verpönt, weil "aus dem Westen" war.
Unserem Kameraden war also unterstellt worden, die "Sprache des Klassenfeindes" zu sprechen, also selbst "Klassenfeind" zu sein. Somit durfte er kein Flugzeugführer sein und weil Flieger in der NVA grundsätzlich Offiziere waren, war auch seine Soldatenkarriere beendet.

Ein anderes Beispiel für das Wirken der Gedanken-Polizisten:
In den DDR-Kindergärten wurden die Kinder ausgefragt, wie denn die Uhr im Fernsehen aussähe. War sie rund oder abgerundet-viereckig?
Anhand der gegebenen Antworten wertete man aus, ob bei den Kindern zu Hause "Westfernsehen" lief oder nicht. Das Westfernsehen war nach Auffassung der Obrigkeit böse, weil vom Klassenfeind ausgestrahlt. Wer sich der "Westpropaganda" aussetzte, sollte ein schlechter, zumindest verblendeter Mensch sein, so die Oberen.
In den Anfangsjahren der DDR kletterten sogar staatstreu-verblendete Jugendliche auf die Hausdächer, um die nach Westen ausgerichteten Fernseh-Antennen umzudrehen oder gar abzureißen.
Sehen Sie Parallelen zu heute?

Kein Ausweg, aber für's Erste eine List

Ein altes und bewährtes Mittel, scheinbar aussichtslose Kriege doch noch zu gewinnen, ist die Kriegslist.

Man hat uns als Volk den Krieg erklärt! Zusätzlich verhindert man, dass wir uns richtig informieren und belügt uns.

Die Vernünftigen sind in der Minderzahl und wir können den Krieg vorläufig nicht gewinnen. Wenden wir eine List an und belügen wir die Blöden auch!
Auch in der DDR hatte man als Normaldenkender zwei Meinungen, eine, die gut aussah und darum ungefährlich war und eine wahre.
Meistens war es so, dass man sich, bevor man etwas Wahres sagen wollte, mit dem berühmten Schulterblick umsah, ob kein staatstreuer Speichellecker in der Nähe war. War so einer in der Nähe, schwieg man oder gab nur die ungefährliche Meinung von sich. Der eigentliche Gesprächspartner wusste das einzuordnen und verhielt sich genauso.
War man unter Gleichgesinnten, konnte man sich vernünftig austauschen.

Die Geheimpolizei der DDR (die "Stasi") war stets darauf aus, die Stimmung im Volk zu kennen und schmuggelte darum ihre Agenten unter's Volk. Jedoch kannte man diese Spitzel in der Mehrzahl und hielt sich zurück, die wahre Meinung kundzutun. Man war also den Spitzeln gegenüber auch nicht offen. Das Wort "unehrlich" erscheint mir falsch.

Die List bestand also darin, Gleiches mit Gleichem zu vergelten. Uns belog der Staat und wir belogen ihn, seine Büttel und Helfer.

Als ich vor einigen Monaten mit einem lieben Freund über die Gefahren für die Querdenker sprach, ballte der die Faust. Ich versuchte, ihm das listige Vorgehen der DDR-Denker nahezubringen und er entgegnete: “Ich kämpfe lieber mit offenem Visier.”
Das ist ehrenwert, nur gebe ich zu bedenken, dass jeder Putsch- oder Revolutionsversuch immer dann scheiterte, wenn die Mehrzahl des Volkes noch zu verblödet ihren Machthabern hinterherlief.
Nehmen wir nur Graf von Stauffenberg als trauriges Beispiel. Der Krieg war offensichtlich verloren und insgeheim machte das Volk schon Witze über Hitler, den “GröFaZ” (Größter Führer aller Zeiten), der Deutschland in die Niederlage geführt hatte. Nur absolut Verblendete, sie waren in der Minderzahl, glaubten noch an den “Endsieg” und an “Wunderwaffen”. Trotzdem war das Volk und seine Armee noch nicht so weit, Hitler zu stürzen.
Die Folgen für von Stauffenberg und die anderen Mitstreiter waren verheerend und der Krieg ging weiter.

Mit “offenem Visier” kommt man in solchen Zeiten nicht weit - man wird einfach beseitigt, zumindest handlungsunfähig gemacht. Was ist dann gewonnen?
Die Geschichte macht es uns vor. In schwierigen Zeiten muss das Visier geschlossen bleiben. Denken Sie an die vielen Untergrund-Kämpfer im 2. Weltkrieg! Hätten die, selbst, wenn sie sich zusammengeschlossen als eine einzige Armee aufgestellt hätten, die Wehrmacht zum Aufgeben zwingen können?
Oder was wäre mit den versteckten Juden geschehen, wenn sich die mutigen Menschen, die ihnen ein Versteck boten, offen dazu bekannt hätten?

Noch ein Gesichtspunkt. Der Staat darf erhobene Steuern verwenden, wie er will und das tut er ja auch ungeniert. Ist es da ein Wunder, wenn in Deutschland die Schwarzarbeit und das Schwarzgeld blühen? Es ist mittlerweile Volkssport, Dienstleistungen schwarz zu bezahlen. Aber warum?
Leider nur, um Kosten zu sparen. Also ist das Schwarzgeld nicht der Grund, dem Staat zum vernünftigen Ausgeben der Steuern zu bewegen. Wie schade.
Schade? Ja, denn jährlich gibt es genug Veröffentlichungen, die wenigstens einen Teil der Steuerverschwendung anprangern (z.B. vom Bund der Steuerzahler oder der Bundesrechnungshof).
Wenn man nun noch bedenkt, dass rund 60% aller in Deutschland Bezahlten ihr Geld vom Staat bekommen, wird klar, dass die sich nicht das Wasser abgraben wollen, obwohl sie wie jeder Andere Schwarzgeld nutzen.

Das Katastrophale für die wirklich Arbeitenden ist, dass sich die Schmarotzer das Geld einfach holen, wenn es ihnen nicht genügt. Da erhöht man Steuern, führt neue Steuern ein und gibt dem Ganzen den biederen Anstrich eines guten Zwecks. Das ist Betrug.

Auch, wenn beinahe jeder in Deutschland Steuern hinterzieht, bleibt es ungesetzlich. Allerdings nehme ich fest an, dass es Menschen gibt, die die Abgaben mittlerweile als ungerecht empfinden und nur darum eine List anwenden, diese für sich zu mindern; sie "betrügen zurück".
Ein alter Lehrer sagte immer: "Beschiss gleicht sich aus." Recht hatte er.

Juden und der IQ

Dr. Volkmar Weiss schrieb mehrere Bücher über den Intelligenzquotienten. Ich wurde leider erst auf ihn aufmerksam, weil Sarrazin scheinbar von ihm abgeschrieben hatte, nämlich in seinem Buch "Deutschland schafft sich ab."
Dr. Weiss hatte die IQ-Daten von über 250.000 Bundeswehr-Rekruten umfangreichen Untersuchungen unterzogen und alles in alle Richtungen ausgewertet. Was für eine wissenschaftliche Leistung, noch dazu mit so vielen Daten!
Demzufolge vertraue ich auch seinen anderen Recherchen und Betrachtungen und mir fielen in des Doktors Büchern "Die IQ-Falle" und "die Intelligenz und ihre Feinde" besonders die umfangreichen Betrachtungen über die Juden auf.
Schon lange Zeit hatte ich verschiedenste alte Leute gefragt, warum die Juden überall und immer verfolgt wurden, aber bestenfalls ausweichende Antworten bekommen. In Dr. Weiss' Büchern fand ich die Antwort.

Ich zitiere nun wieder, und zwar aus der "IQ-Falle".
"Auch die nach Deutschland zugewanderten Juden waren, wie Fernwanderer oft, eine aktive Auslese und nach ihrer Berufszugehörigkeit (siehe z.B. Leipziger Jüdisches Jahr- und Adressbuch 1933) kann auf einen mittleren IQ von 115 der etwa 15 000 Leipziger Juden um 1932 geschlossen werden (also etwa wie heute der mittlerer IQ der Juden in den USA; vgl. Herrnstein und Murray 1994, Weyl und Weitz 1986, Mac Donald 1994). [...]
Die drei Typen der Intelligenz sind damit unter den europäischen und amerikanischen Juden völlig anders gegenüber der übrigen Bevölkerung verteilt: Etwa ein Drittel sehr Intelligente, etwa die Hälfte Mittelmäßige, etwa 15% Einfache. (Die Vergleichszahlen der übrigen weißen Bevölkerung sind bekanntlich 5% : 27% : 68%.)"
[...]

"Die Juden betrieben über Jahrhunderte hinweg eine gezielte und erfolgreiche gruppenbezogene Familien- und Bildungspolitik. Für einen reichen Mann war es eine Ehre, einen armen jungen, aber intelligenten, Mann in seiner Ausbildung zu fördern, ja ihn zum Schwiegersohn zu haben. ‚Ein Mann soll alles verkaufen, was er hat, damit er die Tochter eines gelehrten Mannes heiraten kann, oder er soll seine Tochter an einen gelehrten Mann oder anderen Mann mit Charakter verheiraten, weil er dann sicher sein kann, daß seine Kinder intelligente Menschen sein werden. Denn aus der Ehe mit einem Unwissenden können nur unwissende Kinder entstammen' (b. Pesachim, 49a)."
[...]
‚Die Reichen suchten junge Leute mit Kenntnissen, und wenn sie keinen passenden jungen Gelehrten in ihrem gesellschaftlichen oder wirtschaftlichen Kreise fanden, zögerten sie keinen Augenblick, ihre Töchter einem armen Gelehrten zu vermählen. ... Sobald in einer Gemeinde ein Junge als befähigt und versprechend entdeckt worden war, fand sich sicher alsbald ein Reicher, der ihn solange unterstützte, bis er reif war, seines Wohltäters Tochter zu heiraten. In vielen Fällen wurde er noch jahrelang nach der Eheschließung, oft lebenslänglich, versorgt' (Fishberg 1918)."

Ich schrieb es bereits und bitte, es immer zu beachten. Der IQ ist **nicht DAS** Maß für Bildung, aber es fällt intelligenteren Mensch wesentlich leichter, Bildung zu erwerben.

Bei allem erinnere ich an Schopenhauer, der da schrieb: "Ist doch Geist und Verstand an den Tag legen, nur eine indirekte Art, allen andern ihre Unfähigkeit und Stumpfsinn vorzuwerfen."
Und nochmals zitiert: "Zudem gerät die gemeine Natur in Aufruhr, wenn sie ihr Gegenteil ansichtig wird, und der geheime Anstifter des Aufruhrs ist der Neid."

Mythos: NVA-Piloten

"Sag nicht, dass du Pilot bei der NVA warst, denn die glauben, dass alle NVA-Piloten einen Mindest-IQ von 130 haben."
Das sagte mir ein gut meinender Kollege vor einem Vorstellungsgespräch an einer Berufsschule, den ich nach Jahren wieder einmal getroffen hatte, an eben dieser Schule.

Nun ja, wir wurden als Pilotenanwärter neben den umfangreichen, medizinischen Untersuchungen auch auf den IQ untersucht.
Das erscheint auch dringend notwendig, denn wer will sich von einem Blöden in den Urlaub fliegen lassen!?
Allerdings kann ich den Satz des lieben Lehrer-Kollegen nicht bestätigen, denn es gab unter uns Piloten auch einige Kameraden, die diesen Wert bestimmt erreichten. Allerdings wurden diese Jungs im Endeffekt dann doch keine Flieger und bekamen bestenfalls eine Laufbahn als Polit-Offizier. Andere wurden Truppen-Offiziere, aber beide Varianten nervten, egal, wo sie auftraten.
Davon abgesehen, erscheint mir Dr. Weiss' Buchtitel "Die Intelligenz und ihre Feinde" schon Aussage genug, wenn Sie, lieber Leser, das Buch bis hier gelesen haben.

Gender-Blödsinn, Schwule, Lesben

Haben Sie es wenigstens ein einziges Mal erlebt, dass ein Mann ein Kind gebar, nur ein einziges Mal?

Soll jeder in seiner Haut glücklich sein, wenn er mir seine Auffassung vom Leben nur nicht aufzwingen möchte!
Ich kenne Schwule und Lesben, die niemandem ihre Meinung aufzwingen und komme mit ihnen gut zurecht. Es sind, bis auf diesen Ausrutscher der Natur, ganz liebe Leute.

Und das Bemerkenswerte an ihnen ist, dass sie gar nicht so in den Mittelpunkt gerückt werden wollen, wie es derzeit geschieht.
Dazu passend, hörte ich vor einiger Zeit einen Rundfunkbeitrag über Zigeuner und ein Vorsitzender der Sinti und Roma sprach es ganz offen sinngemäß so aus: "Wir können selbst auf uns achtgeben. Es muss sich niemand für uns einsetzen."
Vermuten kann ich nur, dass es denen, die sich ihrer geschlechtlichen Zugehörigkeit nicht sicher sind, auch so geht, dass sie nicht in die Öffentlichkeit gezerrt werden.

Warum dann aber Ereignisse wie beispielsweise der "Christopher-Street-Day" oder die "Love-Parade"?
Jeder Mensch und vor allem aufgehetzte, junge Menschen wollen, dass man sie beachtet. Obwohl mir das nicht gefällt, sage ich dazu: Lasst sie doch glücklich sein, wenn sie solche Tage nutzen und feiern, um auf sich aufmerksam zu machen! Leben und leben lassen!

Jedoch widern mich die "Gutmenschen" an, die sich ungefragt für die "Gleichberechtigung" dieser Randgruppen, wie es Schwule, Lesben und Transsexuelle sind, "einsetzen und kämpfen" und uns Normalen damit unterstellen, wir würden die Randgruppen **be**kämpfen.

Diese Art der Gutmenschen schafft sich auf diese Art bezahlte Beschäftigung. Beispielsweise sagt "stepstone" zum Einkommen solcher "Beauftragter", denn niemand gab ihnen wirklich den Auftrag: "Die Gehaltsspanne als Gleichstellungsbeauftragter liegt zwischen 35.100 € und 51.000 €." Diese Zeile erscheint sofort, wenn man bei Google sucht.
Wie immer, gilt: Folge dem Weg des Geldes!
Lieber Leser, kennen Sie noch mehr "Beauftragte"? Wahrscheinlich schon.

Verbraucherschützer, Mieterschützer

Ähnlich sieht es mit dieser Gruppe von Menschen aus, aber diese Menschengruppe fasste schon früher Fuß. Bereits Anfang der 1960er Jahre gründeten sich in Deutschland Verbraucherschutz-Vereine und auch Mieterschutz-Gesetze gab es schon früher.
Beide Schutzvereine hatten ursprünglich durchaus ihre Berechtigung. Verbraucher sollten besser gegen Hersteller gerichtlich klagen können und Mieter sollten vor willkürlichen Kündigungen und Wuchermieten geschützt werden - per Gesetz.

Wie sich solche Schützer, so nenne ich sie ab jetzt im Buch, aber mittlerweile vor den dreckigsten Karren spannen und ansonsten nur nutzlos herumsitzen, führe ich nicht weiter aus, damit das Buch nicht zu umfangreich wird.
Sehen Sie, lieber Leser, die Schützer einfach nur unter dem Gesichtspunkt: Die Schützer kassieren Gelder für nichts.

Dazu kommt noch ein Aspekt. Ein mündiger Verbraucher, also einer, der lesen und verstehen kann, braucht niemanden, der ihm erklärt, was er essen, trinken oder überhaupt verbrauchen soll. Er braucht keine Lebensmittel- oder Energieverbrauchs-Ampeln und ähnlichen Quatsch. Wohlgemerkt, ich meine den gebildeten Verbraucher.

NGOs und andere "Hilfs-Projekte"

Auch, um Ihre wertvolle Zeit nicht zu vergeuden, gebe ich nur kurze Hinweise. Fast alle diese Hilfs-Projekte begannen mit tatkräftiger, echter Hilfe und mit Menschen, die sich tatkräftig für das Wohl anderer einsetzten. Sie haben sich aber schon seit langer Zeit zu profitablen Organisationen entwickelt, die ihren Angehörigen lukrative Gehälter zahlen.

Suchen Sie bspw. nach "GTZ". Die Gesellschaft für technische Zusammenarbeit durfte ihre Gewinne nicht an die Gesellschafter (also Inhaber) ausschütten, an die Angestellten aber schon, dann aber als Gehalt.
Als ich das vor 20 Jahren von zwei unabhängig berichtenden GTZ-Mitarbeitern hörte, recherchierte ich und fand die Aussagen bestätigt: Man konnte als GTZ-Mitarbeiter ausgezeichnet versorgt beispielsweise in Afrika leben, wurde dort mit überdurchschnittlichem Gehalt, riesigem, bewachten Haus, Büro und Auto ausgestattet und musste nicht arbeiten, sondern bestenfalls technische Projekte organisieren, also deutschen Firmen in Afrika den Weg ebnen.
Einer der GTZler war empört, dass das eher nur Lobby-Tätigkeit und Lenken von Bestechungsgeldern war, der andere grinste nur darüber.

Wer diese NGOs in's Leben ruft und finanziert, lasse ich jetzt unbeachtet. Man sollte aber daran denken, dass wie auf anderen Gebieten Wasser gepredigt und Schnaps gesoffen wird. Wenn dann noch staatliche Gelder fließen, wird schnell klar, wie Steuergelder verschwendet werden.

Was denken Sie? Welche Art Menschen versteckt sich in solchen Organisationen? Die Ehrlichen, die Klugen?

Nachhilfeunterricht

Stopp! Hier dürfen wir nicht "Schützer", "Helfer" und NGOs mit Nachhilfe- Lehrern in einen Topf werfen und das sage ich aus bestimmtem Grunde.
Natürlich verdienen Nachhilfen Geld. Sie leisten auch etwas dafür. Und ja, man könnte die bedürftigen Kinder auch an die kostenlosen Youtube-Videos verweisen, aber es ist schon etwas Anderes, wenn einem Kind eine anwesende Person etwas erklärt und sofort auf Fragen antworten kann.

Trotzdem war ich schon immer gegen die Nachhilfe und dafür, dass die Lehrer endlich ihren Job machen, weil es dann keiner Nachhilfe bedürfte.
In der DDR hatte jeder Lehrer die verdammte Pflicht, so gut zu arbeiten, dass es alle Kinder verstanden. Notfalls musste er nachmittags, natürlich kostenlos, den Kindern, die es noch nicht verstanden hatten, Nachhilfe geben.
Wenn Kinder nach allen Bemühungen und Hilfen gar zu schwer von Kapee waren, aber erst dann, wurden sie von den normalen Klassen getrennt und in einer Sonderschule unterrichtet. Einfach und gut, nicht wahr!?

Nebenbei: Ich war einige Jahre in Mecklenburg an verschiedenen Schulen, weil wir vorhatten, uns wieder in der alten Heimat niederzulassen; die Ostsee lockte einfach gar zu sehr.
Also übernachtete ich wochentags im Hotel und blieb nachmittags einfach in der Schule, um Sport zu treiben, zu musizieren, Tanzen zu trainieren, im Physikraum zu experimentieren und andere Tätigkeiten auszuüben.
Das wussten die Schüler und allzu oft gab ich auch Nachhilfe - kostenlos, versteht sich. Glauben Sie, das wurde von den typischen Lehrern gern gesehen?
Der Gipfel war, dass mir der bereits erwähnte Direktor, Metzger, es sogar verbot. Ebenso verbot er mir, Erklärungs-Phasen meines Unterrichts ggf. mitzuschneiden und auf Youtube zu veröffentlichen.
"Aaalter", sagten meine Schüler dazu fassungslos.

Zurück zu Nachhilfe & Co.! Es haben sich also in Deutschland viele Einrichtungen gebildet, die nur von der Blödheit und Unbildung profitieren. Wenn Sie alles mal auf diese Art betrachten, fallen Ihnen weitere Beispiele ein?

Woran erkennt man einen Veganer?

"Daran, dass er es dir sagt", ist die Antwort eines Witzes und diese Art Witz nehme ich stellvertretend auf für alle die, die sich mit irgendetwas brüsten - sie haben doch sonst nichts, dessen sie sich rühmen könnten.

Natürlich ist das, was auf der Flasche steht, nicht darin. Es sieht aber gut aus, wenn man offiziell für das Wohl der Tiere "kämpft".

Woher habe ich meine Erfahrungen, dass Veganer ungebildet sind? Ich nenne Beispiele, die es gut zeigen.
Nehmen wir "Jan Weiß junior". Ich kenne Jan seit seiner frühen Kindheit. Er war schon damals ein fauler, ungebildeter Junge und hatte keine Interessen - woher auch?!
Der Bengel interessierte mich nicht weiter und ich verlor ihn für Jahre aus den Augen, um ihn dann als jungen Mann in einer renommierten Auto-Werkstatt als Azubi zu treffen.
Natürlich begrüßte ich ihn freundlich, drückte meine Freude über seine Azubi-Stelle aus und ermutigte ihn, diesen "Männer-Beruf" zu erlernen. Jan schaute süß-sauer drein.
Wenig später musste ich hören, dass Jan die Ausbildung zwar abgeschlossen hatte, was mich angesichts Jans Unbildung wunderte, aber die ihm angebotene Stelle nicht angetreten hatte. Warum? Oh, er hätte es doch so mit dem Rücken, wurde mir wortreich durch Jans Mutter erklärt.
Etwas später war Jan Sozialhilfeempfänger und verkam zusehends, auch äußerlich, denn er schmückte sich immer mehr mit Tattoos (weil er sonst nur aussah wie eine Pfeife). Nicht, dass das genügte, setzte er auch noch ein Kind in die Welt und kümmerte sich nicht darum. Mir war der Kerl wieder egal geworden, denn ich kümmerte mich um meine Angelegenheiten und hatte genug zu tun.

Irgendwann erfuhr ich, dass Jan zum Bund, also zur Armee wollte und bald darauf traf ich ihn zufällig. Er band jedem auf die Nase, Veganer zu sein und mich wunderte auch nicht, dass er den Job beim Bund verlor, weil er trotz vieler Chancen einige Prüfungen nicht bestand.

Ein anderes Beispiel handelt von einer Sozialpädagogin ("Kim Fleischer"), die uns damals aufgezwungen wurde; siehe weiter oben. Das Mädel war wirklich zu blöd zu allem, hetzte aber unsere Schüler auf, faul zu bleiben und "krank zu feiern". Und Sprüche klopfen konnte die ... Junge, Junge!
Kims wichtigstes Anliegen war damals, jedem und überall zu zeigen, dass sie Veganerin war. Meine Frau und ich sahen uns bedeutungsvoll an, nickten einander zu und wussten, dass es passte. Wir hatten schon so viele Veganer kennengelernt, die unsere Erkenntnisse festigten. Kim passte dazu wie die Faust auf's Auge.

Betrachten Sie Veganer doch mal genauer in Hinsicht auf deren Bildung und ihr Gehabe! Ist es etwa nicht so, dass diese Leute ihren Veganismus nur vor sich hertragen, damit man ihre Unbildung und Blödheit nicht sehen soll?

Woran erkennt man einen Loser?

Entweder daran, dass er sich hinter angeblich guter Einstellung (nicht hinter Taten!) versteckt oder daran, dass er es dir direkt sagt.

Mittlerweile gibt es so viele Ungebildete und Blöde, dass die schon damit auftrumpfen, etwas nicht zu wissen. Sie geben aber ihre Blödheit nicht direkt zu, sondern fragen überaus fordernd: "Wie jetzt?!"

Erklärt man es nochmals einfacher, was man meint, kommt ein überhebliches und gedehntes "Ach sooo" und es klingt wie "Sag doch gleich, was du sagen willst!"
Das Muster des Versteckens ist in solchen Fällen zwar das gleiche, hat aber eine andere Ausdrucksweise. Das "Ach sooo" soll ausdrücken: "Ich weiß alles, nur du bist zu blöd, es richtig zu sagen."

Die Steigerung von allem ist aber, offen zuzugeben, dass man sich für nichts interessiert und nichts weiß. Das sei doch nicht lebenswichtig, hört man auch, wobei es oft um ganz einfaches Grundwissen geht.
Im nächsten Moment sind diese Typen aber wieder oben auf, zumindest mit dem Mund. Klar, denn unter ihresgleichen ist Unbildung keine Schande. Die Idiokratie marschiert immer strammer und überheblicher - nicht selbstbewusster, denn wenn sie sich ihrer Blödheit bewusst wären, büken sie viel kleinere Brötchen.

Ich erkläre solchen Leuten schon lange nichts mehr - wozu auch?

Wer ist da, bitte?

Haben Sie das auch schon erlebt? Sie rufen jemanden an und hören: "Wer ist da, bitte?" Dabei hören Sie auch, dass es im Hintergrund des Angerufenen nicht laut ist.
Warum macht der Anrufer das? Laut ist es nicht und schwerhörig sind die wohl kaum, wenn es so oft bei ganz bestimmten Menschentypen passiert.

Wenn es Ihnen auch schon passierte, dann erinnern Sie sich, wie es Ihnen in solchen Momenten ging.
Denken Sie an Ihr eigenes Ansehen! Wird das nicht gerade herabgesetzt? Und ob!

Gehen wir ein kleines Stück in die Geschichte zurück. Früher gab es Sätze der oberen 10.000 wie "Hat man Sie mir schon vorgestellt?" oder "Wer sind Sie überhaupt?" Nehmen wir den ersten Satz.
"Hat man Sie mir schon vorgestellt?" bedeutete, dass man mit Menschen, die einem unter der Würde erschienen, gar nicht sprach. Bestenfalls dann, wenn der Betreffende von einem Diener vorgestellt wurde und dann auch nur, wenn man "sich herabließ" von seinem Thron.
Der zweite Satz, "Wer sind Sie überhaupt?", wurde so ergänzt: " ..., dass Sie es wagen, mich überhaupt anzusprechen?" Das bedeutete, dass ein in der Gesellschaft niedrig Stehender nicht das Wort an den Höherstehenden richten durfte - es war nun mal so.

In der NVA wurde das fortgesetzt. Man musste einen Vorgesetzten, wenn man ihn spreche wollte, zuerst so fragen: "Gestatten sie, dass ich sie spreche?" Offiziell und durchaus berechtigt, wurde der Sinn so verkauft, dass man sich nicht einfach in ein Gespräch dazwischen drängelt, wenn sich Vorgesetzte gerade unterhalten.
In anderer Situation, wenn man also einen Vorgesetzten ansprach, der gerade allein war, musste man genauso fragen, denn es könnte sein, dass der Angesprochene keine Zeit für ein Gespräch hat - für mich logisch.
Auch finde ich es höflich, dass man jemanden nicht "überfällt", zum Beispiel mit einem Telefonat. Ich frage immer, ob wir kurz reden können, weiß man am Telefon doch erst recht nicht, womit sich der Gesprächspartner gerade beschäftigt.

Meine Erfahrungen mit diesen modernen "Wer-ist-da"-Typen war immer, dass es Wichtigtuer sind, die den Anderen zuerst einmal "in seine Schranken weisen" wollen, auf dass er zu ihnen aufblickt. Pfeifen, das.

Dazu passt das Verhalten eines Landtagsabgeordneten, wovon mir ein Informatiker berichtete.
Im ganzen Dorf war das Internet ausgefallen und der Abgeordnete rief den Informatiker entnervt an, auf dass er ihm sofort wieder einen Internetzugang schaffte.
Der IT-Mensch erklärte kurz, dass das bei flächendeckenden Ausfällen nicht möglich sei, worauf der Politiker gereizt entgegnete: "Wissen sie nicht, wer ich bin?"

Es ist immer das Gleiche: Es geht um das Streben nach Ansehen und wenn sich jemand nicht angesehen fühlt, ergreift er jedes Mittel, es aufzubessern.
Je größer der Minderwertigkeitskomplex und damit die Unbildung, umso größer das Streben nach Ansehen.

Je einfacher der Geist, umso schneller ist dieser beleidigt. Manches Mal weiß man gar nicht, warum jemand beleidigt ist. Schopenhauer sagte es so und ich zitiere:
"Zudem gerät die gemeine Natur in Aufruhr, wenn sie ihr Gegenteil ansichtig wird, und der geheime Anstifter des Aufruhrs ist der Neid. Denn die Befriedigung ihrer Eitelkeit ist, wie man täglich sehn kann, ein Genuß, der den Leuten über alles geht, der jedoch allein mittelst der Vergleichung ihrer selbst mit andern möglich ist.
Auf keine Vorzüge aber ist der Mensch so stolz, wie auf die geistigen ..."

Manche machen den Anderen klein, um sich zu erheben und wieder andere machen sich groß.

"'Ich will auch etwas sein', sprach der Punkt, blies sich auf und wurde zur Null." Ich kenne den Verfasser dieses Spruchs nicht, finde ihn aber treffend.

Fremdwörter-Missbrauch

Ein Mann, der viel mit Medizinern zu tun hatte, wollte sich ein Ansehen geben und sagte des Mittags: "Honoris causa! Lasset uns speisen!" Die Mediziner lachten natürlich.

Menschen, die mit Fremdwörtern nur so um sich werfen, wollen dadurch gebildet erscheinen. Meistens reagieren die, die mit Fremdwörtern bombardiert werden, mit einfachem Hinnehmen. Andere zeigen sich gar beeindruckt, was der Angeber ja bezweckt.

Übrigens, wenn Sie so einen Typen aus seinem Redefluss bringen wollen, dann probieren Sie folgendes!
Mitten im Redefluss rufen Sie dann, wenn Sie einen falschen Fremdwortgebrauch bemerken: "Verzeihen sie, Verehrtester, wenn ich nachfragen muss! Was meinten Sie mit 'Kontra-Amadyse'? Ich möchte sie nur besser verstehen."
Der "Verehrteste" wird sich zwar zunächst geehrt (besser beachtet) fühlen, dann aber schnell in's Straucheln kommen, das Wort zu erklären. Kommt er nicht in Verlegenheit und erzählt munteren Blödsinn, haben Sie ihn da, wo Sie ihn hinhaben wollten.

Nun aber zur Gefahr, den Missbrauch der Fremdwörter betreffend. Derzeit werden immer wieder Worte wie "Epidemie", "Pandemie", "Infektion" und weitere missbraucht.
Missbraucht, weil bspw. die eben genannten Wörter alle ihrer Definition nach an Krankheit gekoppelt sind. In der derzeitigen Situation fehlen aber die vielen Kranken, die nötig für den Gebrauch der Fremdworte sind; auch die veröffentlichten Krankenkassen-Zahlen beweisen es immer wieder.

Die meisten Menschen nehmen die Fremdworte einfach so hin, denn sie wissen nicht um die Bedeutung und fragen aus Scham oder Desinteresse nicht nach.
Worte haben sehr große Macht, erst recht, wenn man sie geschickt einsetzt. Denken Sie an Hypnose und Sie wissen, was gemeint ist.

Wenn man also das Wort "Infektion" geschickt einsetzt, ohne, dass die Leute krank sind, ruft dieses eine Wort bereits Angst vor Krankheit hervor. Das ist, was man seitens der Regierung nur erreichen will. Total blöd sind Regierende nie, also Vorsicht!

Bei keinem wahrlich Gebildeten habe ich übermäßigen Gebrauch von Fremdwörtern jemals bemerkt - bezeichnend.

Hallo?

Ein anständiger und selbstsicherer Deutscher meldet sich am Telefon mit seinem Nachnamen und ein anständiger, aber unsicherer meldet sich mit Vor- und Zunamen.
Wenn ich so einen Zeitgenossen am Telefon habe, lege ich meistens wieder auf, wenn der Angerufene ein Mietinteressent ist. Als Vermieter habe ich in den fast 30 Jahren immer wieder die Erfahrung gemacht, dass die "Hallos" als Mieter nur Ärger machen, also keine Miete zahlen, bei Nebenkostennachzahlungen plötzlich Schimmel in der Wohnung beklagen usw. usf. Solche Mieter sollen mir gestohlen bleiben!
Die angeblichen Ursachen, sich nur mit "Hallo?" zu melden sind vielfältig. Versteckt wird sich hinter dem "Datenschutz", wobei ich es auch schon erlebte, dass etliche Leute aus Angst vor Gerichtsvollzieher, Inkasso-Büro und Gläubigern sich nicht anständig am Telefon melden - keine guten Mieter.

Ein weiteres Anzeichen, dass ich diese Leute nicht zu anständigen Mietern zähle, ist, dass sie sich das "Hallo?" von einer allgemeinen Mode abgeschaut haben. Solche Leute gehen mit den bewährten, gesellschaftlichen Gepflogenheiten nicht sorgsam um; warum sollten sie mit meinem Eigentum sorgsam umgehen?! Weiter oben erklärte ich das bereits und wiederhole es mit einem anderen Beispiel.

Ein Kollege schnippte Zigarettenkippen auf den Gehweg, ließ Papier fallen, wenn es kein Schüler sah und war auch sonst nachlässig. Die Schüler nahmen ihn schon lange nicht für voll. Viel schlimmer und dazu passend war, dass er aus der Schule alles mitnahm, was er auch zu Hause gut gebrauchen konnte, waren es Stifte und andere Schreibwaren oder was auch immer. Das war Diebstahl, wenn auch kein besonders schwerwiegender.
Eines Tages ertappte ich ihn, als er zwei Packen Druckerpapiers in sein Auto lud, welches er aus dem Kopierraum der Schule geklaut hatte. "Bist du verrückt?", fragte ich ihn und er antwortete, ohne rot zu werden: "Wieso? Es liegt doch genug herum. Ich nehme manchmal ganze Kartons mit."
Ich verpetzte ihn zwar nicht, aber dieser Mann gehört auch nicht zu meinen potentiellen Mietern.
Wie auch immer! Ich habe meine Erfahrungen mit den "Hallos". Früher war ich zu nachsichtig und sah auch über solche Kleinigkeiten hinweg. Leider brachte uns das als Vermieter immer wieder Ärger und herbe Verluste.
Warum sollte ich solche Fehler wiederholen? Schopenhauer sagte sinngemäß: "Gemachte Fehler wiederholen ist wie Geld aus dem Fenster werfen."

So viel Geld habe ich nicht; noch dazu haben wir es uns erarbeitet. Wer will schon vergeblich gearbeitet haben?!

Fernseh-Gewohnheiten

Ja, ich weiß. Wenn das alles die Gauner unter den Mietern lesen, werden sie noch gerissener. Trotzdem! Bis die das lesen, haben sich schon viele Menschen durch das Beherzigen meiner Erfahrungen vor weiterem Schaden bewahrt.
Wenn Mieter allzu früh und zu sehr Interesse an Fernseh-Abos zeigen, frage ich sie kurz über ihre Fernseh-Gewohnheiten aus.
Früher, zu Zeiten der Video-Kassetten, schwärmten diese TV-freaks, was für eine riesige Sammlung an Kassetten sie hätten, heute empfehlen sie einem so viele Filme und Sendungen, dass man Ohrensausen bekommt.
Danach frage ich sie manchmal noch nach ihrer beruflichen Tätigkeit - bisher waren es nur Dauerarbeitslose, die natürlich "aus gesundheitlichen Gründen nicht arbeiten konnten."
Auch das sind für mich keine guten Mieter, denn sie werden "wegen ihrer Gesundheit" (früher war der "Tennis-Arm" in Mode) auch keinen Schnee räumen oder andere Arbeiten der Hausordnung erledigen.

Es sind allgemein die geistig armen Menschen, die nichts mit sich anzufangen wissen und Ablenkung per TV als Tagesbeschäftigung ansehen.

Hier ist nichts los

Erinnern Sie sich an den Abschnitt, als ich über Klatsch und Tratsch schrieb! Menschen, die herumklappern oder / und immerfort plappern, tun es, um sich wenigstens ihres Selbst bewusst zu bleiben.
Andere, geistig Arme, suchen Ablenkung per Fernseh-Programm, allzeitliche Musik-Berieselung und für noch andere "muss 'was los" sein.

Wer es von den Ungebildeten etwas feiner ausdrückt, sagt nicht "'was los", sondern: "In den Städten ist wenigstens Kultur."
Mit Kultur konnten sich die Menschen erst dann beschäftigen, wenn sie für ihre Grundbedürfnisse ausreichend gesorgt hatten. Sie konnten sich sorglos in diesen längeren Arbeitspausen auch anderen Dingen widmen, die nicht lebensnotwendig waren. Bei diesen Beschäftigungen traten erstaunliche Kunstwerke zutage.
Bemerkenswert ist dabei, dass die Blöden aber keinerlei Fähigkeiten haben, Kunst zu erschaffen. Es ist also wie immer. Der wahre Grund ist das Streben, unterhalten, belustigt, nett beschäftigt zu werden. Der offizielle Grund (Kultur) ist nur eine Ablenkung, die geistvoll aussehen soll. Wer nicht blöd ist, ist selbst künstlerisch und damit schöpferisch tätig.

Natürlich! Wer ist als junger Mensch nicht auch um die Häuser gezogen? Ab und zu muss das auch sein.
Wer es aber den einzigen Lebensinhalt und gar als Hobby in einem Bewerbungsgespräch angibt, kann sofort abbrechen und sollte nach Hause gehen, es sei denn, er bewirbt sich bei Gleichgesinnten.

Mit solchen Leuten spreche ich natürlich, aber ein geistvolles Gespräch ist das nie. Wie auch?!

Bürger

"Bürger" kommt von "Burg". Wer den Schutz des Burgherren suchte, lebte dort gut geschützt. Es gab genug Räuber und wer draußen auf dem Land in alleinstehenden Gehöften lebte, brauchte viel Mut.

Viele Städte errichteten Wehranlagen und schotteten sich gegen Raubüberfälle von außen damit ab. Für den Schutz innerhalb der Stadtmauern gab es Nachtwächter. Wer zu einer Burg oder Stadt Zugang begehrte, wurde zunächst misstrauisch beäugt und dann eingelassen oder abgewehrt.
Das Leben innerhalb einer Stadt war also auch gesichert und all die Sicherheitsvorkehrungen, die sich historisch entwickelt hatten, waren zweckmäßig.
Heute sieht man noch die historischen Wehranlagen, allein, sie haben ihre Funktion verloren. Im Zuge der Industrialisierung wurden die eingemauerten Städte rasch zu klein; man baute einfach um die Städte herum Fabriken und weitere Wohnhäuser, die der Unterbringung der Arbeiter und derer Familien dienten. Dazu kamen Gebäude für allerlei Unterhalt der Städter (Bürger) und auch kulturelle Einrichtungen. Die Städte waren aus reiner Zweckmäßigkeit (Arbeitsplätze) ein Magnet für viele Menschen auf dem Lande geworden. So weit - so gut.
Nun beobachten Sie, lieber Leser, wer heute allzu gern in Städte zieht und warum er es tut!
Nehmen wir Westberlin als extremes Beispiel. In Westberlin gab es keine Wehrpflicht und es gab natürlich Geld ohne, dass man arbeiten musste, also Sozialhilfe. In den zahlreichen Wohngemeinschaften, auch Kommunen genannt, fand jeder für's Erste Unterschlupf.
Den "Mief muffiger Kleinstädte" konnte man in Westberlin loswerden und die Stadt war dermaßen überfüllt mit Tagedieben, dass sogar die sonst so ruhigen Bürger dagegen auf die Straße gingen - heute undenkbar.
Von der Wehrpflicht abgesehen, ist der Zuzug Arbeitsunwilliger in deutsche Großstädte ungebrochen - Sozialhilfe gibt es überall.
Wenn man dann noch die Menschenmassen derer, die nur in die Großstädte streben, "weil da 'was los ist", hinzurechnet, ...

Das Wort "Bürger" ist weit von seiner ursprünglichen Bedeutung entfernt. Sind die, die die deutschen Großstädte übervölkern, Gebildete?

Mietendeckelung

Die Mieten betragen in Hamburg 14, in Berlin 16 und in München 20 Euro pro Quadratmeter, hörte ich gerade im Radio. Es dürfte klar sein, wer das beklagt. Aber sehen wir uns das aus anderem Aspekt an.

Im vorigen Abschnitt finden wir schon den Hinweis. Die Ungebildeten fühlen sich am wohlsten dort. Da sie nicht über das Einkommen verfügen, sich schöne Wohnungen leisten zu können, bevölkern sie die bezahlbaren Ghettos der Großstädte. Dort sind die Mieten, auch durch den sozialen Wohnungsbau, einigermaßen bezahlbar. Nicht zu vergessen: Auch diese Mieten zahlt der Staat, also wir Arbeitenden.
Woher kommen dann die hohen Mieten? Das ist einfach zu beantworten. Die besseren Stadtviertel werden vor allem von den Arbeitenden bewohnt, denn die müssen ja auch irgendwo leben. Da diese Viertel flächenmäßig nicht wachsen können und weil riesige Hochhäuser unerwünscht sind, ist das Wohnungsangebot stark eingeschränkt. Die Nachfrage bestimmt den Preis und die Mieten steigen.

Leider haben sich schon zu viele Schmarotzer, die sich selbst offiziell zu den Arbeitenden zählen, so viel Geld organisiert, dass sie es sich leisten können, in die besseren Stadtviertel zu ziehen. Solche Leute beklagen auch die hohen Mieten.

Jüngst las ich eine Wohnungsannonce, die die schlechten von den guten Mietern von vornherein unterschied. Ich kopierte sie mir und bringe einen Auszug:

„Vermiete eine renovierte 2 Zimmer Wohnung mit Küche und Bad.

Vorweg: Bewerber, die folgende Kriterien erfüllen, dürfen sich gerne um eine andere Wohnung bemühen!

Alle Mitarbeiter und gewählte Abgeordnete der bayerischen Staatsregierung, der Bundesregierung und ihren in unmittelbarer Abhängigkeit stehenden Organisationen und Institutionen.(RKI usw.!)
Mitarbeiter der GEZ und des öffentlich rechtlichen Rundfunk und Fernsehen.
Mitarbeiter des Correktiv und RND.
Uniformträger, die sich an Prügelattacken auf wehrlose und harmlose Bürger beteiligt haben, oder sich gerne daran beteiligen würden, oder sich auf andere Art und Weise besonders unangenehm in Szene gesetzt haben.
Coronaspinner, Fanaten und Leute, die unter sonstigen Realitätsverlusten leiden.
Maskenträger!!!!!!!
Mietnomaden und Messies!

Wer sich zu keiner dieser Kategorie zugehörig fühlt, kann gerne weiterlesen. …"

Dann wird die Wohnung näher beschrieben. Ich freue mich, die Annonce kopiert zu haben.
Nach ein paar Stunden ward sie gelöscht wegen Beschwerden, so die Redaktion.

In letzter Zeit brachten mir die Nachrichten und eigene Erlebnisse weitere, aber etwas andere Bestätigung für das eben Geschriebene.
Das Folgende passt auch gut zum Abschnitt „Hier ist nichts los".

Mitte 2020 annoncierten wir eine schöne Wohnung (auf dem Land) und waren über die ungewohnt hohe Anzahl der Nachfragen erstaunt.
Ich siebte aus und lud nur die interessanten Leute zur Besichtigung ein. Im 10-Minuten-Takt stellten sie sich vor und fast jeder wollte die Wohnung.
Natürlich fragte ich nach und erstaunlicherweise sagten viele der jungen Leute, dass sie die Großstadt nicht mehr für lebenswert hielten. Dabei waren Bars, Kneipen und andere Einrichtungen noch geöffnet?! Es lag vor allem an dem Abschaum, der die Großstädte immer mehr für sich beansprucht.
Ende 2020 bestätigten mir die Nachrichten, dass immer mehr junge Leute den Großstädten den Rücken kehren, **weil** das öffentliche Leben und die damit verbundene Zerstreuung wegen des Lockdowns entfielen. Aha!
Die Heimarbeit brächte die Möglichkeit, eben nicht in der Stadt selbst zu arbeiten; darum könne man auch auf's Land ziehen. Aha.

Parasitäre Berufe

Wohnen nur die wirklich Werte Schaffenden in den besseren Wohngegenden? Natürlich nicht. Ich meine jetzt nicht die aufgeblähte Verwaltung, also den öffentlichen Dienst.

Weiter oben schrieb ich bereits über Beschäftigungen, die es nur darum gibt, weil die Unbildung diese entstehen ließ (Nachhilfe, allerlei Schützer usw.).

Die Unbildung hat aber weitere Berufsstände geschaffen, die man eigentlich nicht braucht. Es sind die Vermittler, die sich zwischen allerlei Wertschöpfungsketten gedrängelt haben.

Makler gab es schon seit langer Zeit; nehmen wir die Schiffsmakler oder Künstler-Agenturen als Beispiele. Makler waren sozusagen Anlaufpunkte und nahmen den Anbietern und den Empfängern einer Leistung viel Arbeit, Wege und Zeitaufwand ab - nichts dagegen.

Zu einer widerlichen und extremen Zunft entwickelten sich aber die Immobilienmakler. Bevor mir nun jemand vorhält, dass ich auch nebenberuflich Makler war: Ja, ich vermittelte im Auftrag fern wohnender Immobilienbesitzer ganze zwei Grundstücke und meldete vor rund 30 Jahren dafür ein Gewerbe an. Nie drängelte ich mich zwischen Geschäfte, rief gar Verkäufer an, um diese zu überreden, mir die Vermittlung des Verkaufs zu übertragen.

Eine andere Art Makler macht mich auch wütend. Es sind die privaten Arbeitsvermittler und anderen angeblichen "Spezialisten-Vermittler". Die ersten kassieren Kopfprämien vom Arbeitsamt, also vom Staat, demzufolge von uns über sogenannte Vermittlungsgutscheine.
Die zweiten kassieren die ausgehandelte Differenz zwischen dem Objekt- oder Stundenlohn, den der Freiberufliche wirklich bekommt und dem, den der eigentliche Auftraggeber zahlt.
Diese "Personaldienstleister", so nennen sie sich, treten natürlich in Business-Kleidung auf und geben sich sehr geschäftig und seriös. Die Angestellten dieser Dienstleister sind aber pure Telefon-Verkäufer, die keine andere Aufgabe haben, als Aufträge an Land zu holen, um sich dazwischen drängeln zu können - mehr nicht. Was für arme Würstchen, wenn die Zahlen nicht stimmen.
Und natürlich verstecken sie sich hinter abenteuerlichen Berufsbezeichnungen. Kein Wunder, dass es über 20.000 "Studiengänge" gibt. Meinen Sie, dass die Klugen sich auf solche widerwärtigen Jobs einlassen?

Früher gab es für das Anwerben von Arbeitskräften Personal-Chefs, die über gesunden Menschenverstand verfügten. Sie sahen es einem Bewerber oft schon an der Nasenspitze an, ob er was taugte. Gibt es diese Personaler mit gesundem Verstand noch?

Wir dürfen Zeitarbeit nicht dazu zählen! Die Zeitarbeits-Branche entstand, weil sich die Kündigungs-Vorschriften dermaßen schlecht entwickelt haben, dass man schon seit geraumer Zeit unfähige oder faule Mitarbeiter nicht mehr so einfach wieder los wird.
Aber wer trieb diesen Kündigungsschutz voran? Die Fleißigen?

Ich diene IHNEN!

Anfang der 1990er Jahre traf ich im Kreiswehrersatzamt Celle einen **echten** Beamten. Ich hatte einige Fragen wegen meiner NVA-Vergangenheit.
Als ich den Dienstraum betrat, sah ich mich einem freundlichen, älterem Mann gegenüber. Er beantwortete alle meine Fragen und hielt plötzlich inne. Warum ich so zurückhaltend sei, wollte er wissen.
Ich antwortete verblüfft, dass ich in der DDR nur schlechte Erfahrungen mit Obrigkeiten gemacht hätte.
Daraufhin straffte sich der Mann und sagte sinngemäß: "Junger Mann! Wir sind hier in einem freien Land. Sie können ganz ungezwungen mit mir reden. Ich bin Beamter und meine Aufgabe ist, für sie da zu sein." Dann erhob er sich sogar und sagte wörtlich: "Ich diene IHNEN."

Ich erschien ihm wohl so verblüfft, dass er mir alles nochmals erläuterte, was seinen Dienst anging. Leider habe ich den Namen dieses guten Menschen vergessen; ich hätte ihn hier gern mit seinem vollen Namen genannt. Ehre, wem Ehre gebührt!

Gibt es heute noch solche wahren Beamten? Wer verschanzt sich heutzutage hinter dem sorglosen Beamten-Leben?

Ein Kind überfahren wird milde bestraft.

Auch aus den 1990ern habe ich eine Erinnerung an eine kurze Zeitungs-Notiz der Celleschen Zeitung. Darin beschrieb man folgenden Fall.
Ein Polizei-Beamter hatte ein Kind überfahren und Fahrerflucht begangen. Man wurde seiner habhaft und der Richter verurteilte den Beamten zum Höchstsatz an Tagessätzen **minus einen Tagessatz**. Warum das Minus?
Offzielle Begründung: Damit er seinen Beamten-Status nicht verlöre. Noch Fragen?

Meine Frau arbeitet im Steuerbüro

Ich hatte es schon vor rund 40 Seiten erwähnt, wobei es um die Ehefrau ging, die "in der Bank" arbeitet. Lassen Sie sich im Meinungsaustausch nicht täuschen!

"Das kannste alles vonne Steuer absetzen", höre ich ab und zu und der Satz soll bedeuten, dass man kaum noch Steuer bezahlen muss, wenn man etwas als geschäftliche Ausgabe deklariert. Auch hörte ich mehrmals die Bekräftigung: "Definitiv! Meine Frau arbeitet im Steuerbüro."
Zur Erinnerung erwähne ich, dass die Frau, die in der Bank arbeitete, dort abends sauber machte.

Na ja, aber das Steuerbüro klingt schon bedeutsamer, mag so mancher denken. Gut, nehmen wir an, dass diese Frau nicht abends das Büro säubert und fragen nach, was sie denn dort bearbeitet. Fast immer kommt dann heraus, dass sie die hereingekommenen Belege der Mandanten ordnet, datenmäßig erfasst und abheftet. Das ist **keine** besonders anspruchsvolle Tätigkeit, wohl aber eine ermüdende. Hut ab davor!

In solchen Fällen klärte ich früher die "Steuer-Absetzer" höflich auf, erspare mir aber heute diese Zeit. Es lohnt sich für niemanden, schon gar nicht für mich, wenn der vermeintlich Aufgeklärte sich dann noch bevormundet fühlt oder sich seiner Unbildung bewusst wird. Das schafft nur weitere Feindschaft und Feinde habe ich bereits mehr als genug.

Doppelnamen

Wie klingt für Sie "Professor Müller"? Wohl besser als nur "Herr Müller" oder gar nur "Müller". Und wie klingt für Sie "Müller-Walzenstein"?
Mir ist es egal, **wie** jemand heißt, aber bei Doppelnamen vermute ich immer, dass den Trägern ein akademischer Titel fehlt und nicht nur das. Bei Frauen mit Doppelnamen vermute ich immer, dass die etwas blöd sind.

Gehen wir wieder in die 1990er Jahre. Ich hatte gerade zwei Häuser zu verkaufen und sprach mit dem Filialdirektor der Dresdner Bank. Dann sagte ich den Namen einer Frau mit Doppelnamen und verdrehte etwas meine Augen.
Der Direktor grinste mich an, beugte sich vor und fragte: "Geht es ihnen auch so? Frauen mit Doppelnamen haben alle einen an der Waffel." Ich bestätigte das und nach einigen Sätzen waren wir wieder beim eigentlichen Thema.

Moment! Man könnte meinen, dass ich erst seit diesem Gespräch so denke. Nein, ich hatte diese Erfahrungen schon vorher gesammelt und freute mich damals nur, dass ich nicht allein so denke.
Meine Vermutung ist, dass die Menschen, die sich **selbst** gern ein Ansehen geben, auf allerlei Ideen kommen. Achten Sie 'mal darauf!

Falsche Doktoren

Aus eigener Erfahrung weiß ich, wie aufwändig es ist, eine Doktorarbeit allein zu verfassen. Ich weiß noch, wie lange mein Stiefvater dafür viele, viele Nächte lang arbeitete, schließlich hatte er tagsüber als Arzt genug zu tun.
Auch weiß ich um den wissenschaftlichen und den Gesamt-Aufwand, den mein Tochter betrieb, um mit 26 Jahren ihren Doktortitel zu erlangen. Natürlich waren wir als Eltern sehr stolz auf sie.

Vor ungefähr 10 Jahren erlangte der damalige Verteidigungsminister, zu Guttenberg, traurige Berühmtheit, weil er bei seiner Doktorarbeit abgeschrieben hatte und auch in der Folgezeit kam es zu mehreren Plagiatsaffären bei Politikern. Hatten die das nötig, zu betrügen? Wohl schon, wenn man bedenkt, wie wichtig es für alle Menschen ist, angesehen bzw. überhaupt nur beachtet zu werden.

Und wieder: Achtung! Obwohl mittlerweile auch der Bildungsgrad von Doktortitel-Trägern sehr zu wünschen übriglässt (siehe weiter oben), haben die nicht alle geschummelt. Ich bin aber bei Politikern stets misstrauisch.

Gegelte Haare

Dieses Thema hätte ich beinahe vergessen, aber bei zu Guttenberg fiel es mir wieder ein, weil der die Haare geteert trug.
Egal, ob Politiker oder nicht! Ich bin nicht ohne Grund misstrauisch Männern gegenüber, die sich die Haare teeren, sehe ich mich doch immer wieder bestätigt, dass diese Männer etwas vortäuschen wollen: Ehrlichkeit.
Wenn Sie, wie ich, sich alter Kriminalfilme erinnern, waren es fast immer die Gauner, die mit geteerten Haare auftraten, schmierige Typen.

Ja, ich höre auch jetzt Aufschreie der Empörung. Kein Problem. Darum nur ein Vorschlag: Achten Sie einfach nur darauf, mehr nicht!

Zähne zeigen, blödes Gesicht machen

Wenn jemand unverfälscht lächelt, bleckt er nicht die Zähne wie ein Pferd. Das lässt sich gut bei kleinen Kindern, aber auch bei Erwachsenen beobachten, wenn sie lächeln, ohne gerade fotografiert oder bewusst beobachtet zu werden.
Dieses natürliche Lächeln drückt wahre Freude aus, es ist von innen kommend, also ehrlich.
Sehen Sie sich aktuelle Fotos an, die nichts mit Zahnhygiene zu tun haben!

Ja, gleich fängt der Köhler wieder mit "früher war alles besser" an. Sie müssen ja nicht weiterlesen, sollten Sie es jetzt in Ihrem geistigen Ohr hören.

Noch etwas, wie in der Überschrift angekündigt. Fiel Ihnen auch schon auf, dass es in Mode gekommen ist, dass Fotografierte ein besonders dümmliches, überfröhliches oder überraschtes Gesicht machen? Zumindest ist es kein natürliches Gesicht.
Wenn nicht, dann achten Sie 'mal darauf, es ist erhellend, welche Menschen das vor allem tun!

Zurückentwickelte Gesichter

Lebenseinstellungen graben sich in das menschliche Gesicht über die Zeit ein. Ein ewig sauertöpfisch dreinblickender Mensch bekommt tiefe Furchen davon um die Mundpartie. Ein immer Fröhlicher hat auch im Alter ein fröhliches Gesicht. Ein wirklich dummer Mensch behält sein dummes Gesicht im Alter und so weiter.

Mit der Zeit entwickeln wir Menschen ein feines Gespür, welchen Menschentypen wir gegenüberstehen. Der sogenannte "erste Eindruck" täuscht fast nie.
Aber nicht nur die Lebenslinien im Gesicht eines Menschen sagen viel über seine langjährige Einstellung zum Leben aus. Seine Augen sagen viel über die **gegenwärtige** Situation.

Ab und zu mache ich mit meinen Schülern ein einfaches Experiment und zwar dann, wenn sie gerade an sich zweifeln, weil sie glauben, sie seien für etwas zu dumm.
Dann sage ich ihnen, dass sie, wenn sie dumm wären, nicht in der Schule, sondern in einer anderen Einrichtung säßen. Ich zeige ihnen, wie ein dummer Mensch aussieht und mache das vor.
Die Kinder sollen mein Gesicht, besonders meine Augen, beobachten und irgendwie reagieren, sobald ich dumm wirke.

Ich blicke neutral in die Klasse - keine Reaktion bei den Kindern. Dann denke ich von mir, dass ich dumm sei und zu keinerlei Gedanken fähig, aber ohne die Mine zu wechseln und immer lachen die Schüler sofort los.
Solche Minuten sind gut investierte Zeit, auch, wenn sie nichts mit dem Unterricht zu tun zu haben scheinen. Es stärkt das Selbstbildnis der Schüler und ihren Mut, auch schwierige Aufgaben lösen zu **wollen**.

Das nur am Rande und nun schlage ich Ihnen vor, sich bekannte Gesichter zu betrachten und diese in deren Geschichte zurückzuentwickeln. Machen Sie aus den erwachsenen Gesichtern kindliche! Stellen Sie sich vor, Sie könnten die Zeit zurückdrehen und sehen das Gesicht immer jünger werden.
Erkennen Sie die Gesichtstypen wieder? Das waren die, die früher immer von anderen Kindern gehänselt oder gar verdroschen wurden. Warum wohl?

"Wenn ich ganz ehrlich bin, ..."

Diesen Satz hört man so oder ähnlich Tag für Tag und leider machen wir uns kaum Gedanken über den, der solche Sätze spricht. Es sagt nämlich sehr viel über ihn aus.

Entweder ist der Sprechende einfach nur gedankenlos, besser: Er ist zu schlampig im Umgang mit der Sprache, denn wenn wir diesen Ausdruck ernst nehmen, heißt er: "Ich bin sonst nicht ehrlich, nur jetzt 'mal." Aua!
Kommen wir zur anderen Auslegung. Wenn die Sprecher redegewandt sind, verraten sie sich mit dem Sprechen solcher Sätze als unehrlich. Sie haben sich statt in nützlichem Lernen lieber im Sprechen schöner Sätze geübt, sind aber zu blöd, auf solche kleinen Ausrutscher zu achten. Ganz einfach, oder!?

Sie erkennen die Schlampigen relativ einfach auch daran, dass sie allzu oft moderne Worte gebrauchen. Früher sagten viele Leute das Wort "**halt**" á la "Ich gehe **halt** gern einkaufen, weil ich **halt** Zeit habe."
Heute hören wir als Zustimmung das Wort "genau". Wenn es sogar am Satzanfang gebraucht wird, verrät es uns, dass der Sprecher soeben einen Gedanken abgeschlossen hat und sich das selbst bestätigt. Das ist nicht gerade Ausdruck von Bildung oder Intelligenz - im Gegenteil.

Wie oft hören Sie bei Anderen dieses Wort?

Wort zum Ende des Teil 2

Ich hatte mir vorgenommen, noch viel mehr Beispiele aufzuzeigen und noch mehr zu Themen wie

Gendergerechtigkeit, Black Lives Matter, Eintreten für die Rechte Schwuler, Lesben, Zigeuner usw., Feministinnen, "mehr Gerechtigkeit für alle", Hippies und ähnliche Strömungen", Tattoos, Brillen-Formen, hysterische Empörung, offen zur Schau getragener Verzicht, Faulheit, Drückebergerei, Soldaten heute, öffentlicher "Dienst" und Zusatzgebühren, Frühsexualisierung, offene zur Schau getragene Dummheit, "mehr Bildungsgerechtigkeit" und mehr zu schreiben.
Aber ich lasse es nun genug sein, denn sie, lieber Leser, werden diese und weitere unangesprochenen Themen selber einordnen und "die Schweine an ihrem Gang erkennen" können.

Viel wichtiger erscheint mir, **jetzt** etwas gegen die Unbildung und Blödheit zu **tun**. Die Zeit läuft uns immer schneller davon und die Gefahr, in einer Idiokratie zu enden, wird immer größer. **Darum auf zu den Taten!**

3. WAS ist zu TUN?

Was tun gegen die Unbildung?

Tun wir das Gegenteil, bilden wir die Menschen und beginnen bei unseren Kindern, jetzt!
Bevor ich den einzig bewährten Weg dahin zeige, muss ich mit Ängsten, Vorurteilen, Bedenken, also den Missverständnissen aufräumen.

Jetzt schon kann ich versprechen, dass der Weg gangbar ist und zu langfristigem Erfolg führt - ganz sicher.

Zuerst zu den Missverständnissen, denn daraus resultieren Ängste, Bedenken und Vorurteile.

Mehr ist Pädagogik nicht!

Ja, ich gebe zu, dass ich mir im Sommer 2020 ohnmächtig vorkam, ohnmächtig angesichts der riesigen Mehrheit der Ungebildeten und Abgestumpften. Dann erinnerte ich mich aber meiner Zeit als Lehrer für Mathe und Physik.

Für alles Folgende habe ich sehr viele schriftliche Beweise. Wenn Sie bei den nächsten Absätzen glauben, ich wolle mich nur hervortun, sehen Sie bei meinen Referenzen nach unter www.mathe-physik.net!
Ich schreibe alles Weitere aber darum auf, um zu zeigen, dass es möglich **ist**, den derzeitigen Zustand mindestens zu mildern, wenn nicht sogar umzukehren.

"Die Schüler von heute sind blöd und unhöflich; ich habe schon aufgegeben und mach' nur noch Dienst nach Vorschrift", hörte ich schon viele Lehrerkollegen sagen. Das Gegenteil davon erlebte ich und dementsprechend war und ist mein Handeln.

Kleine Kinder wollen lernen; es ist ihr Instinkt. Sie wollen alles lernen, um effektiv handeln zu können, aber auch (!!), um endlich "groß" zu werden. Noch etwas später lernen sie, um endlich als erwachsen zu gelten.

Diese Motive gilt es zu nutzen. Hier ist der **Schlüssel**. Vergessen Sie alle "Bildungs-Gurus" und derartige Experten! Es sind Theoretiker, die noch keine Schule als Lehrer von innen sahen.
Warum ich das so frech schreibe? Weil mir mein Erfolg das Recht dazu gibt. Und nicht nur mein Erfolg, sondern auch der Erfolg der Kollegen, die ihr Fach zutiefst verstanden haben und darum gut erklären können.
Pädagogik besteht im eigentlichen Sinne nur aus Achtung, Güte und Konsequenz und das lässt sich einfach erklären.

Wir, also die eben genannten Kollegen und dazu gehört auch meine Ehefrau, treten den Schülern gegenüber so auf:
Wir achten sie, denn jeder Mensch ist dankbar, beachtet zu werden. Wir bringen ihnen einen Vorschuss an natürlicher Höflichkeit und Güte entgegen, denn das hat jeder Mensch verdient.
Konsequenz heißt folgerichtig und schlüssig zu handeln. Wenn also ein Schüler eine schlechte Leistung abgegeben hat, benennen wir diese auch so - ohne Umschweife und Verklausulierung, ermutigen ihn aber auch: "Das kannst du besser. Also los!"
Leistet ein Schüler etwas Gutes, loben wir ihn, allerdings nicht überschwänglich, sondern sachbezogen, also sachlich.

Kleine "pädagogische Tricks" sind keine Tricks also solche, sondern erleichtern nur die gesamte Arbeit an der Schule, weil sie die Kinder besser motivieren.
Gute Methodik und Didaktik erwachsen aus dem tiefen Verständnis des zu lehrenden Faches.
Wenn Sie mehr darüber lesen wollen, suchen Sie nach dem Buch "Die Schüler-Flüsterer"; ich schrieb bereits darüber und möchte hier nichts unnötig wiederholen.

Das ist schon alles.

Was können wir aber als Eltern und Großeltern tun?

Selbst eine Schule gründen!

Der Staat ist offensichtlich **nicht** an guter Bildung interessiert und derzeit kann man ihn auch nicht zu besserer Bildungpolitik zwingen.
Wer darauf hofft, lässt wertvolle Zeit verstreichen. Ja, ich weiß: "Die Hoffnung stirbt zuletzt." Bis diese Hoffnung in Erfüllung geht, wenn überhaupt, werden weitere Generationen Ungebildeter heranwachsen.

Also müssen wir selbst eine private Schule gründen, aber eine, an der wieder richtig gelehrt und gelernt wird. Eine Schule, die die Kinder fordert, statt auf jedes eingeredete "Wehwehchen" falsche Rücksicht zu nehmen.
Es ist eine besondere Privatschule. Warum besonders? Geduld, lesen Sie weiter!

Es gibt schon so viele Privatschulen in Deutschland und einige kenne ich aus eigenem Unterricht. Wie bereits erwähnt, engagierte man mich immer wieder, weil Mathe- und Physik-Lehrer mittlerweile Mangelware sind.

Ich stehe dafür ein, wenn ich sage: Auch die Privatschulen machen es zum aller-, allergrößten Teil **nicht besser** als die staatlichen.
Nie vergessen! Es ist nicht das in der Flasche, was auf dem Etikett steht.

Private Schulen haben Marktlücken, beispielsweise die folgenden, erkannt und ich führe jetzt das jeweilige Motto auf. Sie erkennen schnell, worum es geht.

"LRS-Schule"

Dazu nur kurz das: "LRS" heißt ausgeschrieben "Lese- und Rechtschreib-**Schwäche**".
Eine Schwäche kann man durch gute Anleitung und Training beseitigen. Warum gab es früher so einen Quatsch wie LRS nicht?
Weil den Kindern von Anfang an das flüssige Lesen und handschriftlich schöne Schreiben beigebracht wurde. Vergleichen Sie dazu Handschriften und Lesefertigkeiten zwischen alten und jungen Leuten!

"Mobbing-freie Schule."

Dahinter geschaut, gibt es das Hänseln schon immer und auch an diesen Schulen, vielleicht nur nicht so ungezügelt, wenn überhaupt.
Erinnern Sie sich! Weiter oben ging ich bereits darauf ein, warum und welche Kinder gehänselt werden. Dabei vergesse ich nicht, dass das anonyme Cyber-Mobbing per Handy den Kindern ganz neue und perfide Möglichkeiten bietet.

Und ich ging auch schon darauf ein, ob kleine Kinder unbedingt ein Handy haben müssen oder besser nicht. Gelegenheit macht Diebe.

“Nach modernsten Methoden.”

und / oder

“Moderne Lehrmittel und Gebäude”

Schön wäre, wenn die allermeisten Lehrer dieser Schulen **überhaupt** richtig unterrichten könnten! Dann brauchte es auch keine “modernsten” Methoden, die eh nicht helfen und ein modernes Gebäude ist keine hinreichende Bedingung für guten Unterricht.
Ich kann es garantieren: Ein guter Lehrer beherrscht sein Fach und ist den Schülern gegenüber gut und konsequent. Alle anderen sind schlechte Schauspieler, die wegen ihrer Unfähigkeit nach jedem Strohhalm greifen, die Unterrichtsstunde zu überstehen.
Einer der Strohhalme ist „modernste Methodik und Didaktik“. Drehen wir es um!
Wenn das Moderne so gut wäre, warum lernen dann die Schüler nichts und tanzen den Lehrerpfeifen auf der Nase herum?

“ADHS-Schule”

Dazu muss ich nun eine kleine Geschichte erzählen.

Kurz vor Beginn eines Schuljahres erhielt ich immer wieder solche Anrufe: "Herr Köhler, wir brauchen dringend einen Mathe- und Physik-Lehrer. Können Sie wenigstens für zwei Monate helfen?" Wenn ich noch nirgend zugesagt hatte, erwiderte ich immer, gern zu kommen.
Hier war es eine private Realschule mit einem wunderschönen Schloss als Internat und ich sagte sofort einem Termin zum Einstellungsgespräch zu.
An dieser Schule lernte ich zwei sofort sympathische Kollegen kennen. Wir hatten die gleichen Ansichten über das Lehren und die gleiche Einstellung zu Schülern. Ein Kollege heißt Reinhard Tramitzke, ein Geschichtslehrer und der andere, Berend Luiking, war Mathe- und Physiklehrer. Ich nenne diese Namen, denn ich schrieb es schon: Ehre, wem Ehre gebührt.
Reinhard und der damalige Direktor empfingen mich freundlich und führten mich durch die Schule. Das Internat im Schloss sollte ich später sehen. Die Schüler waren, wie jedes Jahr, für eine Woche auf einer Bootstour. Das Schulgebäude war also leer.
Bei der Führung durch das Gebäude fiel mir sofort auf, dass es "abgegrabbelt" wirkte. Fast alle Türen waren beschädigt gewesen, aber repariert worden. Überall sah ich abgestoßene Ecken, Schultische und Stühle sahen ramponiert aus und es gab noch mehrere derartige Auffälligkeiten. An diesem Tag fand ich noch keine Erklärung dafür, fragte aus Höflichkeit aber nicht danach, noch dazu am ersten Tag.

Wir wurden uns handelseinig und ich sollte jeweils von dienstags in der zweiten Stunde bis freitags zum Feierabend unterrichten, meiner 100 Kilometer Anreise wegen. Also reiste ich am folgenden Dienstag Morgen an und betrat das Schulgebäude.

Seltsam, die ganze Schule erschien von einem Summen, von einem untergründigen Lärm erfüllt und schon im nächsten Moment geschah es.
Eine Tür flog auf, ein Schüler kam herausgerannt, schrie noch in den Klassenraum "Arschloch!" und rannte an mir vorbei. Ich war so verblüfft, dass ich nur zusah.
Ein Lehrer kam an die Tür, rief dem Schüler hinterher "Selber!" und schloss die Tür. Da noch Unterrichtszeit war, ging ich durch die Schule und das Summen erschien beim Vorübergehen an den Klassentüren als Lärm in den Klassen. Einmal hörte ich einen Lehrer brüllen: "Euch hat man wohl in's Gehirn geschissen - ach nee, ihr habt ja kein's."

Etwas erschüttert meldete ich mich dann im Sekretariat zum Dienstantritt und machte eine Bemerkung über die Lautstärke. "Haben Sie das nicht gewusst?", fragte die Sekretärin, "Das sind alles Kinder mit ADHS."
Hui! Na dann!

Ich mache es kurz. Allein hätte ich es nie geschafft und meine beiden, oben genannten, Kollegen auch nicht. In Zusammenarbeit mit zwei weiteren Kolleginnen, die ebenfalls ausgezeichnete Lehrerinnen sind, hatten wir die gesamten 218 Schüler kurz vor Weihnachten so weit beruhigt, dass normaler Unterricht möglich war.
Und nicht nur das! Wir sagten oftmals, dass wir den "Glanz unserer Rohdiamanten" endlich erstrahlen ließen. Genau das ließen wir die Schüler auch spüren, nämlich, dass sie ganz normale Menschen sind und keine ADHSler, also keine Verrückten.
Es war eine meiner schönsten Lehrer-Zeiten und ich willigte gern in einen Festvertrag bis zum Sommer ein.

Nachmittags und abends schauten wir mit den Kindern in die Sterne, bauten ein ernst zu nehmendes Fernrohr dafür, bastelten "Abhöranlagen", die gern im Internat genutzt wurden, Radios, Elektro-Schocker, machten physikalische Versuche und trieben gemeinsam regelmäßig Sport. Sogar zwei dicke Kinder waren begeistert dabei und wurden von den sportlichen unterstützt und ermutigt - ein ideales Schulleben für alle.
Warum ich nur ein Jahr an dieser Schule war, fragt sich der aufmerksame Leser sicher. Das beantworte ich noch schnell.

Der Direktor war wegen seiner lieben Schüler überaus erfreut, mein Vertrag wurde gegen Ende des Schuljahres auf unbefristete Zeit verlängert und ich freute mich, jedoch zu früh.
Die wahren (aber immer schnell lösbaren) Probleme begannen schon zwei Wochen nach meinem allerersten Schultag.
Man hatte extra einen der Sozialpädagogen als abendlichen Trainingsleiter mit Zusatzhonorar bestellt und dummerweise ging keiner der Schüler mehr in den extra eingerichteten Fitness-Raum, denn wir übten in der Turnhalle Ganzkörpertraining fast nur mit dem eigenen Körpergewicht.
Weil Privatschulen zwar nicht darben, aber nicht allzu viel Geld haben, sparte man bald das Honorar für den dicken Fitness-Raum-Leiter.
Das ließen die Sozis mich natürlich spüren, indem sie es den Kindern schwer machten, zur Turnhalle zu gehen.
Der Direktor, selber ein Sportler, wies es kurzerhand an, dass die Kinder zu meinem Sport gehen sollten - peng!

In der Folgezeit gaben die Sozis aber nicht klein bei. Sie hetzten manche Kinder auf, zu erzählen, ich wäre in meinem Unterricht zu hart in meinen Forderungen. Das sollte auf offene Ohren der Eltern und des Direktors treffen.

Pah! Wie lächerlich! Ich ging mit solchen Vorhaltungen sofort offen um, indem ich die anderen Schüler für mich antworten ließ und so schien wieder alles in Ordnung.

Kurz vor Ende des Schuljahres, ich hatte meinen unbefristeten Vertrag gerade erhalten, machten einige andere Lehrer zusammen mit den Sozis einen Aufstand und inszenierten, ich wäre gewaltsam gegen eine Schülerin vorgegangen.
Diese Schülerin bezeugte das anfangs auch - alles lief im Geheimen - und der Direktor kündigte mir fristlos den frischen Vertrag; ich sollte am Ende der Woche meinen Schlüssel abgeben.
Meine mir gut gesinnten Kollegen wussten es zuerst gar nicht, waren auch zunächst bestürzt und weil ich meine Unschuld beschwor, gingen sie der Sache nach und die Schülerin widerrief etwas später.

Als die anderen Schüler mitbekamen, dass mir gekündigt worden war, gab es am nächsten Morgen einen tumultartigen Aufmarsch mit Transparenten (Bett-Tüchern) und einen Schulstreik. Die Schüler setzten sich in die Flure, jolten, pfiffen und skandierten: "Herr Köhler muss bleiben!"
Der Direktor stand sehr unter Druck, gleich mehr, warum. Zuerst versuchte er, die Schüler wieder zu normalem Unterricht aufzufordern. Man pfiff ihn nur aus. Demzufolge versuchten es die anderen Lehrer gar nicht erst und erst recht nicht die Sozis. Es wurde immer spannender.

Meine lieben Kollegen grinsten und freuten sich mit mir, die anderen schlossen sich dann gar im Lehrerzimmer ein und berieten hin und her. Sie fürchteten, dass die Abschlussfeier für die zehnten Klassen am nächsten Tag zur Katastrophe werden könnte und baten mich schließlich, die Schüler zu beruhigen, was ich auch tat, weil man meine Kündigung zurückziehen wollte.

Gutgläubig trat ich vor die Schüler und nach zehn Minuten war die Schule wieder einigermaßen ruhig.
Die Abschlussfeier verlief ohne Zwischenfälle und ich wurde danach zum Direktor gerufen. Natürlich dachte ich, dass man mir einen neuen Vertrag geben wollte - falsch. Ich musste die Schulschlüssel hergeben und wurde der Schule verwiesen. Das Hausrecht lag beim Direktor.

In der Folgezeit wurden Gerüchte verbreitet, ich wäre immer nachts mit einem Nachschlüssel ausgerüstet in der Schule, um die Kinder aufzuhetzen - klar, wer so einen Blödsinn erzählte. Aber das Problem war, dass man diese Gerüchte dem Schulträger unterjubelte.

Nun setzte erst recht ein Proteststurm der Elternschaft ein, allein, es half mir nicht. Also zog ich vor das Arbeitsgericht und fast alle Schüler meldeten sich als Zeugen an. Das wollte der Schulträger nicht riskieren und ich gewann den Prozess wie von allein.
Weil ich aber mittlerweile an einem Mecklenburger Gymnasium unterrichtete, fiel mir der Abschied nicht ganz so schwer. Mein einer lieber Kollege, Berend Luiking, hatte selbst bereits fristlos seinerseits gekündigt und auch das machte es für mich leichter, nicht wieder an diese schönen Schule, Schloss Varenholz, zurückzukehren. Alles kann ich per Schrift und Zeugen beweisen, weshalb ich in diesem Falle Klarnamen nannte.

Es hat sein Gutes, dass man diese Geschichte in Direktoren-Kreisen kennt, wissen sie doch, dass ich mir nicht alles gefallen lasse.

Es hat aber auch sein Schlechtes, denn es erzeugt auch Angst vor Schulstreiks. Ein Mal war es fast wieder so weit. Das war an dem Wismarer Gymnasium und man bediente sich, weil das Gymnasium eine staatliche Schule war, eines einfachen Tricks: Man versetzte mich einfach. Dagegen kann man als Angestellter nichts machen.
Als ich von Mecklenburg meine Lehrbefähigung als gymnasialer Mathe- und Physiklehrer erhalten hatte, ließ ich mich versetzen, um wieder von zu Hause aus unterrichten zu können. Wie das ausging, können Sie in der Hannoverschen Allgemeinen Zeitung nachlesen. Hier sprengt das den Rahmen.

Bitte, verzeihen Sie mir diesen Ausflug; ich wollte zuerst nur ein Beispiel für die Modekrankheit, ADHS, geben, schrieb mir aber etwas von meiner Seele. Manchmal muss man etwas loswerden.

Nehmen wir noch den Begriff ADHS, also die Aufmerksamkeitsdefizit-/ Hyperaktivitäts-Störung, etwas auseinander! Zuerst zur Aufmerksamkeit.

Haben Sie sich schon einmal dabei ertappt, bei einer Rede oder in der Schule unaufmerksam gewesen zu sein? Wahrscheinlich schon und ich sage Ihnen auf Ihren Kopf zu, dass der, der zu Ihnen sprach, ein Langweiler war.

Haben Sie bewusst erlebt, dass Kinder, je jünger sie sind, immer rennen? Kinder brauchen Bewegung ganz dringend.
Wenn nun Unaufmerksamkeit und Bewegungsdrang zusammenkommen, ist es ganz natürlich, dass Kinder herumzappeln. Sein Sie Ihrem Kind dankbar dafür und bilden und beschäftigen Sie das Kind!
Wenn wir das an der "ADHS-Schule", die keine war, konnten, können Sie es auch.

Ja, auch jetzt höre ich entsetzte Eltern und gebe nur zu bedenken: Wenn es früher diese Modekrankheit bis auf ganz wenige, echte Krankheitsfälle **nicht** gab, warum gibt es sie heute?
Weil die Kinder nicht anständig, meist gar nicht erzogen und ungebildet sind. Unbildung erzeugt zusätzlich Desinteresse (siehe weiter oben bei den Sätzen zum Hund). Desinteresse erzeugt weitere Unaufmerksamkeit, was für ein Teufelskreis.

Es ist alles ganz einfach, wenn man es erkannt und verstanden hat, so auch ADHS.

Weitere Überschriften der Privatschulen lauten etwa so:

"Unsere Kinder lernen im Wald."

Meistens folgt dann, wenn es nicht gar zur Hauptaussage gemacht wird:

"Kinder bestimmen, WANN und WAS sie lernen."

Das wird natürlich von angeblich hoch wissenschaftlichen Aussagen "untermauert."

Und so weiter und so fort. Muss ich wirklich auf jeden Blödsinn eingehen?

Natürlich haben diese Schulen ihre Anhänger und die Eltern sind begeistert, wie gut ihre Sprösslinge gedeihen. Gedeihen sie wirklich gut? Nein, denn ich weiß es und nicht nur ich weiß es.

Aber alle derartigen Entgleisungen der Bildung bestehen! Die Schulen werden vom Staat zugelassen. Wie funktioniert eine Schulgründung?

Anleitung zur Gründung einer Soliden Schule

Ich schreibe das alles auf, weil ich schon 'zig Gespräche dieser Art führte, denn ich gebe gern Auskunft darüber, bei der Schulgründung zu helfen. Das will ich ab jetzt nicht mehr fast täglich wiederholen und Zeit sparen.

Warum habe ich "Solide" groß schreibe? Weil der Begriff "Solide Schule" ein Eigenname ist und, so wünschen wir uns das, ein Gütesiegel und Oberbegriff für **solche** Schulen werden soll, an denen die Kinder endlich wieder richtig lernen.

Wir lassen unsere "Solide Schule Celle" in der ersten Klasse beginnen, damit die Kinder nicht erst durch falsches Lernen verdorben werden. Darum beginnen wir mit der Grundschule und schon erscheint das erste Problem.

Gesetze beachten

Der Staat lässt sich die (Un-)Bildung nicht gern aus der Hand nehmen, erst recht nicht, was Grundschulen betrifft, **muss** aber nach Artikel 7 des Grundgesetzes, Absatz 4, die Errichtung von Privatschulen zulassen.

In jedem Bundesland, so auch Niedersachsen, gibt es dem Grundgesetz entsprechende Ländergesetze, die ggf. von Land zu Land abweichen, aber nur ein wenig. Schauen Sie also in Ihren Landesgesetzen nach!

Ich zitiere fürderhin grundsätzlich aus dem "Merkblatt: Schulen in freier Trägerschaft, Errichtung einer Ersatz-/Ergänzungsschule nach dem Niedersächsischen Schulgesetz (NSchG)".
In diesem Merkblatt sind genug Hinweise auf übergeordnete und beigeordnete Gesetze zu finden, was mir im Buchtext allzu viele weitere Zitate erspart.

Nds. weist an:
"Private Grundschulen und Hauptschulen können [1] gem. Art. 7 Abs. 5 GG und § 144 Abs. 1 NSchG nur zugelassen werden, wenn
- die Schulbehörde ein besonderes pädagogisches Interesse des Landes an der Schule anerkennt [2]
oder
- sie - auf Antrag von Erziehungsberechtigten [3] - als Gemeinschaftsschule, als Bekenntnis- oder Weltanschauungsschule [4] errichtet werden sollen und eine öffentliche Grund- bzw. Hauptschule dieser Art in der Gemeinde nicht besteht. [5]"

(Ich fügte im Zitat Ordnungsmerkmale in eckigen Klammern ein, der Übersichtlichkeit wegen.)

Zu [1]. Das Wort "können" soll implizieren (zur Folge haben, dass man etwas glaubt): Wir, als Behörde, machen es, wie wir wollen, denn es steht nicht "müssen" da. Lassen sie sich nicht abschrecken! Nach GG (Grundgesetz) **muss** die Behörde.

Zu [2]. Hier erklärt sich, warum so viele verrückte Privatschulen zugelassen werden, an welchen Kinder bspw. lernen, was sie wollen, wann sie wollen oder selbst bestimmen, überhaupt etwas lernen zu wollen. Das ist die Krux.

Zu [3]. Der Antrag der Erziehungsberechtigten ist sehr wichtig. Wir müssen hier in Nds. (Niedersachsen) mindestens **12 Einzelanträge** der Schulbehörde vorgelegt haben. Das sind in diesem Falle die verbindlichen Anmeldungen der Kinder an unserer Schule.

Zu [4]. Unsere Solide Schule ist eine Weltanschauungsschule. Unsere Weltanschauung ist "Wir glauben nicht, wir wissen lieber" und wir sind nicht religiös gebunden.
"Leben und leben lassen!" ist eine weitere unserer Grundauffassungen und dass wir nicht an Gott als Person glauben, heißt nicht, dass wir religiöse Menschen gar verachten.
Wir fassen "Gott" als das "bessere Ich in uns" auf und warum soll man nicht an sein besseres Ich und dessen Kraft glauben?!

Wenn weitere Solide Schulen gegründet werden, können es durchaus religiös geprägte Schulen sein. Warum sollte man dort weniger lernen können als an unserer Soliden Schule Celle?!

Aber Achtung, denn siehe Punkt [5]!

Zu [5]. Wie heißt es doch? "wenn ... eine öffentliche Grund-...schule **dieser Art** in der Gemeinde nicht besteht."
"Dieser Art"! Das ist der Haken und ich erläutere wie folgt. Kirchliche Privatschulen gibt es bereits sehr viele und wenn Sie eine weitere Grundschule "dieser Art" gründen wollen, wird man es Ihnen kraft Gesetzes versagen - ganz einfach, peng.

Um dem zu entgehen, mussten wir uns etwas einfallen lassen, was uns besonders und damit nicht ablehnungsfähig macht, die Weltanschauungsschule.
Das ist **ein** "Trick", der aber zunächst noch nicht zog, denn die Stadt Celle berief sich auf das Baurecht und lehnte eine sogenannte "Umnutzung" eines bestehenden, leeren und zum Verkauf stehenden Sparkassen- Gebäudes einfach ab. Dazu bald mehr.

Nds. schreibt weiter vor: "Ersatzschulen [6] sind Schulen in freier Trägerschaft, die in ihren Lern- und Erziehungszielen öffentlichen Schulen entsprechen, die im Land Niedersachsen vorhanden oder grundsätzlich vorgesehen sind (§ 142 NSchG). Abweichungen in den Lehr- und Erziehungsmethoden und in den Lehrstoffen sind zulässig. [7] Schülerinnen und Schüler erfüllen durch den Besuch einer Ersatzschule ihre gesetzliche Schulpflicht [8] (143 Abs. 3 NSchG)."

Zu [6]. **Ersatz**-Schule bedeutet, dass die Schule im Wesentlichen die öffentliche Schule **ersetzen** kann. So kann man es sich leicht merken.

Zu [7]. Unter [1] sagte ich bereits etwas dazu.

Zu [8]. Durch den "Ersatz" sind derartige private den staatlichen gleichgestellt, weshalb die Schulpflicht erfüllt ist.

Eine Ersatzschule ist also das Ideal, aber die muss man beantragen und Anträge kann die Behörde immer leicht ablehnen und hinausschieben. Es gibt zum Glück einen Ausweg bzw. Umweg, die "**Ergänzungs**-Schule".

Nds. schreibt dazu vor: "Ergänzungsschulen sind Schulen in freier Trägerschaft, die nicht Ersatzschulen sind (§ 158 Abs. 1 NSchG) [9].

Für schulpflichtige Schülerinnen und Schüler ruht die Pflicht zum ‚ordentlichen' Schulbesuch während des Besuchs einer Ergänzungsschule nur dann, wenn das zuständige Regionale Landesamt für Schule und Bildung eine entsprechende Feststellung für diese Schule getroffen hat (§ 160 NSchG) [10]. Die Errichtung einer Ergänzungsschule ist anzuzeigen (§ 158 Abs. 2 NSchG) [11]."

Zu [9]. **Ergänzungs**-Schulen **ergänzen** staatliche Schulen, egal, welcher Art, indem sie Lerninhalte anbieten, die die staatlichen eben nicht anbieten. Ein Beispiel waren bislang Schulen für Heilberufe. Der Staat hatte die Ausbildung dafür nicht im eigenen Programm und die Ergänzungsschulen ergänzen das staatliche Angebot.
Nanu? Wie soll denn eine Solide Schule das Angebot ergänzen? Siehe weiter unten!

Zu [10]. Nds. schreibt im §160 des NSchG diesbezüglich vor: "Die Schulbehörde kann für eine Ergänzungsschule, die einen Unterricht von mindestens 24 Wochenstunden erteilt, die Feststellung treffen, daß während des Besuchs dieser Ergänzungsschule die Schulpflicht ruht."
Diesen Paragraphen machen wir uns zunutze, denn wir bieten mindestens 25 Wochenstunden normalen Unterrichts und weil wir weit über das sogenannte "Kern-Curriculum", also die geforderten, grundsätzlichen Lehrpläne, des Landes Nds. hinausgehen, ergänzen wir die staatlichen Schulen. Unsere Schüler lernen über das Geforderte Mindestmaß hinaus, also mehr.

Zu [11]. "Anzuzeigen" bedeutet, ganz locker formuliert: "Behörde, wir wollten euch nur sagen, dass wir soeben eine Schule errichtet haben."
Achtung! Die Behörde kann aber etwas dagegen tun und ich zitiere wieder.

[12] Nds. schreibt vor: "Die Errichtung oder Fortführung einer Ergänzungsschule kann von der Schulbehörde untersagt werden, wenn Schulträger, Leiterin oder Leiter, Lehrkräfte oder Einrichtungen der Ergänzungsschule den Anforderungen nicht entsprechen, die zum Schutz der Schülerinnen und Schüler oder der Allgemeinheit an sie zu stellen sind, und den Mängeln trotz Aufforderung der Schulbehörde innerhalb einer bestimmten Frist nicht abgeholfen worden ist."

Das stellt aber kein Problem dar, denn wer eine Schule gründet, **muss** sich vorher damit beschäftigen, dass es den Kindern an seiner Schule auch gut geht. Baupolizeiliche und Brandschutzrechtliche Vorschriften sollte man darum komplett erfüllen.
Weiteres dazu entnehmen Sie bitte den Vorschriften Ihres Bundeslandes; ich verlinke hier nichts, denn alles ist einfach zu finden.

Klippen umschiffen

Wie schon vorhin angedeutet, kann es durchaus sein, dass sich Ihre Gemeinde mittels allerlei Tricks wie ein Aal winden wird. Man hat viele Tricks auf Lager; in unserem Falle war es die sogenannte Umnutzung bestehender Gebäude, was ein baurechtliches Thema ist.

Ein extremes Beispiel. Wenn man aus einer leeren Kirche ein Bordell machen will, wird man die Genehmigung zur "Nutzungsänderung" (Beachten sie dieses Wort!) nie bekommen.

Das Dumme war in unserem Falle, dass die ehemalige Sparkasse schon eine Weile leer stand und eigentlich nichts gegen eine Nutzungsänderung sprach, aber die Gemeindeverwaltung keine Begründung liefern muss für einen abschlägigen Bescheid. Sonst hätten wir argumentieren können. Es ist nun mal so.

Wenn Sie also, und das sollten Sie, mit solchen Tricks rechnen, dann erfordert das Verbündete, vor allem in der Politik.
Politiker sind wie Radieschen, außen rot, aber innen weiß. Auch Politiker wünschen sich für ihre eigenen Kinder eben keine Gleichmacherei auf unterstes Bildungsniveau, sondern eine solide Schulbildung und das ist der Punkt.
Darum wird es Ihnen leichtfallen, mit Politikern über echte Bildung zu sprechen, nun ja, nicht gerade mit den linksgrünen, aber mit allen anderen ganz sicher. Suchen Sie sich Verbündete!
Dafür müssen Sie auch mal über Ihren Schatten springen.

Schulträger

Nds. schreibt vor: "Träger von Schulen in freier Trägerschaft können sein:
- natürliche oder juristische Personen des privaten Rechts
- Religions- oder Weltanschauungsgemeinschaften, die die Rechte einer Körperschaft des öffentlichen Rechts besitzen (§ 1 Abs. 4 NSchG) [12]."

Zu [12]. Weil das ein umfangreich zu erklärendes Thema ist, gehe ich weiter unten extra darauf ein. Hier nur so viel: Es geht um die sogenannte "Körperschaft des öffentlichen Rechts" und hat die Gemeinschaft diese Eigenschaft nicht, wird es schwerer, eine Schule zu gründen.

Das liebe Geld

Schwer, weil eine neue Privatschule in Nds. drei volle Jahre finanziell durchhalten muss. Das Gebäude und die Lehrergehälter sind die größten Posten. Das Schulgeld darf nicht zu hoch sein und deckt diese Kosten nicht. Daran scheitert man deshalb, weil die Lehrer angestellt nach NSchG sein **müssen**.
Es funktioniert **nicht**, wenn Lehrer sagen, dass sie alles unentgeltlich machen wollen - leider. Die finanzielle Absicherung **muss** gegeben sein.
Dazu muss ich keine Gesetzespassagen zitieren. Lesen Sie selbst nach, wenn Sie eine Hintertür suchen; es gibt sie nicht!

Nach den drei Jahren und, wenn man durchgehalten hat, springt der Staat ein und übernimmt die Kosten so weit, dass das Schulgeld locker ausreicht. Es wird niemand dabei reich, aber das ist auch nicht der Zweck.

Personalfragen

Nds. schreibt vor, dass die Lehrer auch Lehrer sein müssen, also die staatlichen Abschlüsse haben. Nur mit Quereinsteigern lässt sich keine Privatschule betreiben.
Wenn Sie jetzt an die vielen Quereinsteiger an Schulen überhaupt denken, nur so viel: Es sind und bleiben Ausnahmen, die der Staat aufgrund allgemeinen Lehrermangels derzeit zwar zulässt, aber jederzeit wieder aberkennen kann.

Woher die Lehrer nehmen, wenn es keine gibt?!
So schwer ist das nicht, denn viele sehr gute Lehrer wurden irgendwie aus den Schulen gedrängelt und sind froh, endlich wieder richtig lehren zu dürfen. Es macht ihnen Freude!

Andere sind zwar noch an staatlichen oder / und privaten Schulen und haben die Nase voll, wissen aber keine Alternative.
Kaum, dass ich ein Youtube-Video über die Solide Schule Celle gestartet hatte, meldeten sich viele Lehrer, mitarbeiten zu dürfen, so der offizielle Grund.

Aber, wie immer, es gibt auch einen wahren Grund und den gilt es, herauszubekommen.
Zumindest gilt es zu prüfen, ob der offizielle auch der wahre Grund ist. Man hat **nicht immer zwei** Gründe.
Wichtig ist also, dass nur die besten Lehrer an einer Soliden Schule unterrichten, ansonsten wird aus einer soliden eine gewöhnliche Schule und das hilft uns nicht.

Weiter oben schrieb ich bereits darüber, woran man gute Lehrer erkennt. Nochmals: Fragen Sie die Schüler und deren Eltern! Wir verkaufen Wissen an den Schulen und unsere Kunden beurteilen die Qualität sehr treffend.
Lehrer, die zwar "nett und engagiert", sonst aber Pfeifen sind, werden Sie ganz schnell erkennen, wenn Sie sich vor allem mit den Kunden unterhalten.

Ja, die deutschen Arbeitsgesetze machen es schwer, unfähige Mitarbeiter wieder loszuwerden und nun noch ein Prüfstein, ob Lehrer etwas taugen.
Leider sieht die Praxis so aus, dass die Unfähigen uns in der Probezeit auch hin und wieder böse enttäuschen. Kaum ist die Probezeit geschafft, werden diese Typen "krank" oder / und nachlässig bis unzuverlässig.
Sollten sie bis dahin gute Lehrer gewesen sein (Kinder fragen!), haben sie "ihr Pulver verschossen". Anders gesagt: Es war alles nur eingeübte Show und danach kommt nichts mehr.

Kinder bemerken das und der Lehrer ist bald "unten durch". Die Unaufmerksamkeit wächst, der Lehrer wird hilflos und böse, die Fronten verhärten sich und damit ist den Kindern nicht geholfen.

Wenn aber Lehrer so lange wie möglich mit befristeten Verträgen und langer Probezeit angestellt werden, das kann bis zu zwei Jahre lang so laufen, und danach immer noch gut sind, **dann erst** entfristen Sie den Arbeitsvertrag - **nicht schon früher!**
Wer sich als Lehrer seiner sicher ist, wird gern darauf eingehen. Wichtig ist noch, die Leute auch in den ersten beiden Jahren anständig zu bezahlen. Geben Sie ihnen genauso viel, wie Lehrer an staatlichen Schulen bekommen, nicht weniger!

Noch etwas und ich habe es selbst einmal so kennengelernt. Setzen Sie Ihre Lehrer ganztags ein!
„Normalerweise", so sagen es die besonders faulen Lehrer gern, „sind Lehrer ganztägig im Einsatz." Nach dem Mittagessen widmen sie sich **angeblich** außerschulischer Arbeit, korrigieren Klassenarbeiten, bereiten sich auf den nächsten Tag vor u.v.a.m.
Ich machte das täglich (bis auf die Unterrichtsvorbereitung), hatte ich im Hotelzimmer sonst nur Langeweile. Ich muss mich kaum noch vorbereiten, denn gelernt ist gelernt. Nach einiger Zeit kann man fast alles auswendig.
Wer vorgibt, sich als älterer Mathe- und Physik-Lehrer noch stundenlang vorzubereiten, beherrscht sein Fach nicht oder er lügt. In beiden Fällen ist so einer untauglich.

Wieder zum Thema! An der erwähnten Schule beaufsichtigten die Lehrer die Kinder und halfen ggf. bei auftretenden Fragen; ansonsten korrigierten sie Tests und Klassenarbeiten oder erledigten irgendwelchen Schriftkram.

Die Zeit ist wirklich dafür ausreichend. Halb vier ging dann jeder aus der Schule zufrieden nach Hause.
Alle Aufgaben sind erledigt, auch die der Schüler und die Freizeit kann ohne schlechtes Gewissen beginnen.

Gute Lehrer werden sich auch darauf einlassen, denn sie erkennen die Notwendigkeit und die Vorteile sofort. Die anderen werden sich sträuben - logisch, warum.

Finnische Lehrpläne

Finnland gilt als Vorbild für beste Schulen, beste Lehrer und beste Bildung.
Damit **alle** Kinder gut und effektiv lernen, halten wir uns strikt an diese finnischen Lehrpläne. Sie sind so detailliert, dass man als Lehrer nicht nur inhaltlich, sondern auch zeitlich Bescheid weiß.

Diese Lehrpläne liegen auf Deutsch vor und wir geben sie gern in Kopie weiter, aber wir müssen etwas empfehlen.
Besorgen Sie sich die Lehrpläne Ihres Bundeslandes und reichen Sie nur diese bei der Schulbehörde ein!
Wenn die Behörde die finnischen Pläne sieht, sagt sie wohlmöglich, Sie würden die Kinder überfordern und fordert Sie zum "Nachbessern" auf, siehe [12]. Das hat zwar nichts mit den eigentlichen Gesetzen zu tun, aber warum sollten wir schlafende Hunde wecken!?

Nicht hineinreden lassen!

Lassen Sie sich nicht vorschreiben, wie der Unterricht zu führen ist! Legen Sie den interessierten Eltern vor der Unterschrift unter den Vertrag alles ausführlich dar, was sie wissen müssen und beantworten Sie alle Fragen!

Sollten sich in dem Vorgespräch schon anzeigen, dass die Eltern für ihre Sprösslinge etwas wollen, was eher nach "Wald-Schule" oder "Mach-doch-was-Du-willst-Schule" aussieht, verweisen Sie solche Eltern ganz schnell.
Betteln Sie nicht! Sie legen sich sonst faule Äpfel in den Korb, die die anderen Äpfel mit Fäulnis anstecken.

Sie müssen auch nicht betteln, weil das Schulgeld eh nie ausreichend ist. Wenn da eins, zwei Schüler fehlen, macht es kaum etwas aus.
In den ersten drei Jahren müssen Sie die Schule irgendwie finanzieren; nach dieser Zeit finanziert der Staat so ausreichend, dass Sie auf das Schulgeld beinahe verzichten können.

Nochmals zur Finanzierung

Mehr als 350 Euro Schulgeld dürfen Sie monatlich nicht verlangen, weil Sie sonst ärmere Eltern und deren Kinder benachteiligt würden, so die Gesetze.
Weil das Schulgeld eh fast Nebensache ist, haben wir eingeführt, dass ALLE Kinder ein Recht auf ein leistungsgebundenes Stipendium haben. Die Vorteile liegen auf der Hand. Alle "ärmeren" Eltern werden ihre Kinder dazu anhalten, artig zu sein und das Beste zu geben.

Einschub für Zweifler: Meine mir ähnlichen Kollegen und ich sind uns nicht zu schade, jeden Tag Kurztests schreiben zu lassen und diese nachmittags rasch zu korrigieren.
Dieser zeitliche Aufwand ist gut investiert, denn die Kinder freuen sich sogar darüber. Warum? Sie fühlen sich bestätigt, denn sie lernen gern und möchten das Ergebnis auch zeigen, so unsere langjährigen Erfahrungen.

Dazu kommt, dass die Kinder **jeden** Tag nicht nur etwas lernen, sondern das Gelernte auch nach dem Unterricht festigen.
"Bulimie-Lernen", wie es heute üblich ist, lässt das Gelernte schnell vergessen. Es bedeutet auch, dass die Kinder wochenlang nichts wiederholen und dann eine Nacht vor der Klassenarbeit alles Wissen in sich hineinfressen. Ist die Arbeit geschrieben, atmen die Schüler auf und denken nicht einmal mehr an das Gelernte, vergessen es also.

Das Vergessen liegt aber auch daran, dass sich die Schüler an einem Abend so sehr mit Wissen "überfressen", dass das Gehirn es schnell wieder "auskotzt". Dazu kommt das eigentlich Schlimme: Wenn man nach Tagen oder Wochen versucht, das Gelernte zu verstehen, beginnt man beinahe bei Null, selbst, wenn man es vor der langen Zeit schon verstanden hatte.
Das einzige Mittel, Gelerntes zu behalten, ist das **tägliche** und **zeitnahe** Wiederholen, weil man sich dann noch daran erinnert.
Dadurch, dass die Kinder an einer Soliden Schule also jeden Tag das gerade Gelernte nachmittags wiederholen (es sind nur einige Minuten nötig), vergessen sie es nicht. So einfach ist auch das.
Hatten Sie in Ihrer Schule gelernt, **wie** man effektiv lernt?

Täglich bekommen die Schüler also "kleine Zensuren" und auch das muss ich erläutern.
In den typischen Lehrerkalendern findet man im hinteren Teil lauter Namensverzeichnisse, die sich anbieten, gegebene Zensuren hineinzuschreiben und immer haben diese Verzeichnisse Kästchen. In ein Kästchen passen, etwas klein geschrieben, vier kleine Ziffern.
Bei jedem Test gibt es eine kleine Zensur und freitags wird der Durchschnitt gebildet und eine große Zensur über die vier kleinen geschrieben.

Nur negative Ausrutscher, also wenn jemand, der sonst Einser und Zweier schreibt, eine Fünf oder Sechs bekommt, können verziehen und damit für den Durchschnitt ungültig gemacht werden. Das wird aber mit der Klasse besprochen.

Die großen, schriftlichen Wochen-Zensuren, gemischt mit mündlichen ergeben nicht nur ein aussagefähiges Gesamtleistungsbild für das Lernen an sich. Schon das erfreut die Kinder und erst recht ihre Eltern, sind sie doch immer im Bilde, was ihre Sprösslinge angeht (so war es auch stets an den staatlichen Schulen in allen meinen Klassen).
An der Soliden Schule Celle werden diese Wochenzensuren - und die guten, alten Kopfnoten gehören dann auch dazu - als Basis für das Leistungsstipendium genommen werden.

Noch etwas für Zweifler: Die Kinder lernen viel an unserer Schule. Es überfordert sie nicht, denn zum einen überfordert es finnische Schüler nicht und zum Anderen schadete uns Deutschen gutes Lernen damals auch nicht.
Ich garantiere das und der Erfolg gibt meinen Kollegen und mir Recht.

Nun aber endlich zur Finanzierung!
Vergessen Sie also das Schulgeld und ich rechne Ihnen das ganz einfach vor.

Nds. weist an: "Schulen sind auf Dauer eingerichtete Bildungsstätten, in denen nach einem Bildungsplan allgemein bildender oder berufsbildender Unterricht für mindestens 12 Schülerinnen und Schüler und mindestens für die Dauer von sechs Monaten erteilt wird (§ 1 Abs. 2 NSchG) [13]."

Zu [13]. Sie müssen also **mindestens 12 Schüler** zusammenbekommen, um Ihre Solide Schule anmelden zu können. Nebenbei: Sie können die Schule auch mitten in einem Schuljahr oder Halbjahr starten, denn Kinder können wechseln, wann Sie es als Eltern wollen.

Nun zur Rechnung, zuerst nur das Schulgeld betreffend.
Nehmen wir eine Klasse mit glatt 20 Schülern und (ohne Verpflegung) 350 Euro Schulgeld im Monat, dann haben Sie 7.000 Euro zur Verfügung.
Das monatliche Gehalt eines Lehrers, bezahlt mit TVL 13 / 5 beträgt derzeit 5.630 Euro brutto. Rechnen Sie noch rund 1.000 Euro Arbeitgeberanteil an der Sozialversicherung dazu und Ihre 7.000 Euro Schulgeld sind fast futsch.
Wer bezahlt nun das Gebäude, die Reinigung, den Unterhalt für das Mobiliar, das Telefon, das Kopier- und Klopapier, um nur einiges zu nennen? Aua!

Daher meine Empfehlung: Gehen Sie **vor** der eigentlichen Gründung durch die Welt und erbetteln Sie das Geld!
Sprechen Sie mit jedem, der Ihre Idee gut finden könnte! Es gibt sooo viele Eltern, die das begrüßen werden, dass ihre Kinder endlich wieder etwas lernen und sie noch dazu verlässlich bis 15.30 Uhr gut aufgehoben wissen, ohne sich dann um die Hausaufgaben und Nachhilfe kümmern zu müssen. Das spart den Eltern auch Geld.
Weil die Eltern im Allgemeinen irgendwo arbeiten, sollen Ihnen die Eltern die Türen zu den Chefs ihrer Arbeitgeber öffnen.
Gehen Sie also zu den Unternehmen und betteln Sie für die ersten drei Jahre um einen Kredit. Auch, wenn die Unternehmen das Darlehen nicht selbst geben können, sind sie doch die, die von den Banken so viel Geld eher bekommen als ein "kleiner" Arbeiter oder Angestellter.

Und warum sollten sich nicht mehrere Unternehmen zusammenschließen können?! Sie können den Geldgebern auch ruhigen Gewissens versprechen, das Geld nach den drei Jahren nach und nach zurückzuzahlen.

Über eines werden sich Unternehmensinhaber sicher freuen. Es ist die Aussicht, endlich wieder gebildete Jugendliche in ihren Betrieben ausbilden zu können. Das erspart den Betrieben viel an Nerven, Kosten und Arbeitszeit, also Geld.

Natürlich wird das alles nicht sofort Wirklichkeit werden, aber wann wollen wir damit anfangen?! Wenn wir jetzt drei Jahre warten, dauert es noch drei Jahre länger usw. usf.

Sie werden noch weitere überzeugende Argumente finden. Ich fand sie ja auch und wenn Sie bis hierher durchgehalten haben, dann Sie erst recht.
Also los!

Die Körperschaft des öffentlichen Rechts

Sie sollten, so hatte ich es oben unter dem Punkt [12] erwähnt, einer KdöR, einer Körperschaft des öffentlichen Rechts, angehören und ich schreibe gleich warum.
Einige Worte zur KdöR. Sie besteht aus "Körpern", also aus echten Menschen. Eine GmbH, eine AG sind bspw. "juristische Personen", können aus einem Blatt Papier bestehen, sind also keine KdöR.

„Dann gründen wir einen Verein", wird mancher denken. Ein Verein besteht doch auch aus echten Menschen. Ja, das geht auch, ist aber ungleich schwieriger, denn eine KdöR besitzt Hoheitsgewalt. **Man verhandelt mit dem Staat auf Augenhöhe!** Wenn Sie mehr darüber erfahren wollen, geben Sie "KdöR" in eine Suchmaschine ein und Sie werden staunen.

Fast auf jeder Seite schrieb ich etwas abwertend über das Ansehen und was der Mangel an Ansehen mit Menschen macht. **Jetzt muss ich aber sagen: "Als KdöR sind Sie jemand."**
Kirchen sind Körperschaften des öffentlichen Rechts und ein "Staat im Staate", Weltanschauungsgemeinschaften aber auch!

Egal, welchen Glaubens Sie sind, sprechen Sie mit Ihren KdöR! Ach, Sie sind Atheisten und gehören keinem Bund an? Hmm.
Nein, kein Problem! Ich erzähle wieder aus eigenem Erleben.

Als wir Gründungsmitglieder der Soliden Schule vor der Gründung standen, stellten wir fest, dass wir allesamt Atheisten sind. Ich machte mich auf die Suche, angespitzt durch die Forderung des Landes Nds., eine KdöR als Schulträger zu haben.
Nach einigem Suchen fand ich zuerst den Humanistenverband und las mir alles Erreichbare darüber durch. So ganz gefiel mir das nicht, erinnerte es mich etwas an alte DDR-Zeiten und ich wurde wieder fündig.
"Bund für Geistesfreiheit Bayern"! Ja, das gefiel mir viel besser und ich begann, das berühmte "Haar in der Suppe" zu suchen - nichts, gar nichts fand ich.
Also mailte ich zufällig gleich den Richtigen an, ohne zu wissen, dass er es wirklich ist. Ich hatte nur eine Frage: Kann ich als Niedersachse auch Mitglied des Bundes für Geistesfreiheit (BfG) BAYERN werden.

Postwendend erhielt ich von Erwin Schmid, dem Vorsitzenden des BfG Bayern die Antwort: **Ja.**
Also fragte ich nach einem Telefontermin und Herr Schmid erwies sich als lockerer, freundlicher Gesprächspartner. Sofort schickte ich ihm per Post meinen Mitgliedsantrag. In den Folgetagen telefonierten wir, denn ich hatte so viele Fragen.

Herr Schmid beantwortete mir alles und räumte mir ein, nahezu zu jeder Zeit wieder anzurufen. Mehr noch! Als ich ihm von unserer Schule erzählte, lud er mich persönlich zu sich ein, alles in Ruhe bei Kaffee und Kuchen zu besprechen.

Nun ja, gern. Aber es sind 600 Kilometer, ob er mir eine Pension besorgen könne, fragte ich und als das organisiert war, fuhr ich nach Regensburg.
Wir unterhielten uns viele Stunden lang auch darum, weil Herr Schmid ein sehr interessanter Gesprächspartner ist.
Einen Monat später, am 02.12.20, gründeten wir den "BfG Celle", wobei Herr Schmid persönlich im Norden war, um die Gründungsversammlung zu leiten. Ein Protokoll wurde geschrieben und seit diesem Tag gibt es unseren Bund.

Nun hat Herr Schmid noch unsere Eintragung als KdöR im Hannoveraner Kultusministerium beantragt und somit ist wieder ein Meilenstein erreicht.

Ich **kann** jetzt nicht mehr darüber schreiben, weil allzu viele Angelegenheiten laufen und in den nächsten Tagen geklärt werden. Wenn Sie mehr wissen wollen, suchen Sie einfach nach **www.Solide.Schule** (kein ".de") oder nach **www.bfg-celle.de**. Dann bleiben Sie auf dem Laufenden.

Wir, also auch die entnervten Eltern, wir alle warten sehnsüchtig, in allernächster Zeit loslegen zu können. Der gesamte Gründungsprozess dauerte bislang ein gutes, halbes Jahr.
Wir mussten viel recherchieren, darum dauerte es so lange. Aber wir hatten einen Vorteil. Unternehmer der Region traten an mich heran, so eine Solide Schule zu gründen. Das Geld stand also bereit.

4. Schlusswort

Meine Empfehlung ist: Gehen sie alle beschriebenen Schritte gleichzeitig an! Kümmern Sie sich um Eltern, um Lehrer, um das Gebäude, um Ihre KdöR und ebenso um das Geld gleichzeitig. Einer muss den Hut aufhaben und die anderen Gründungsmitglieder antreiben. Zu schnell vergeht die Zeit und jeder verlorene Tag lässt die Idiokratie mächtiger werden.

Es geht um UNSERE Kinder und Enkel, also los!

Alles Gute für Sie!
Ihr Björn Köhler

Printed in Poland
by Amazon Fulfillment
Poland Sp. z o.o., Wrocław

71817142R00098